Gunda Frey

W0368294

Das verstaatlichte Kind

Optimiert, reguliert, traumatisiert – wie unsere Gesellschaft ihre Kinder versaut

BOOKS4SUCCESS

Gestaltung Cover: Daniela Freitag
Gestaltung und Satz: Sabrina Slopek
Bildquelle Cover: Torsten Faltin
Herstellung: Daniela Freitag
Lektorat: Rotkel e. K.
Korrektorat: Elke Sabat
Druck: GGP Media GmbH, Pößneck

ISBN 978-3-86470-811-4

Bibliografische Information der Deutschen Nationalbibliothek:
Die Deutsche Nationalbibliothek verzeichnet diese Publikation in der Deutschen Nationalbibliografie; detaillierte bibliografische Daten sind im Internet über <http://dnb.d-nb.de> abrufbar.

BÖRSEN MEDIEN
AKTIENGESELLSCHAFT

Postfach 1449 • 95305 Kulmbach
Tel: +49 9221 9051-0 • Fax: +49 9221 9051-4444
E-Mail: buecher@boersenmedien.de
www.books4success.de
www.facebook.com/plassenbuchverlage
www.instagram.com/plassen_buchverlage

Für alle Kinder in unserer Gesellschaft
Für alle Eltern
Für unser aller Zukunft

Inhalt

Vorwort

Was ist mit unseren Kindern los? Auffälligkeiten, ADHS-Diagnosen, immer mehr Studien, die dokumentieren, dass es unseren Kindern nicht gut geht. Was genau passiert hier? Ist dies alles der Pandemie geschuldet oder befinden wir uns grundsätzlich auf dem falschen Weg?

Seit 36 Jahren arbeite ich mit Kindern und Jugendlichen. Ich hatte schon früh einen besonderen Draht zu den Jüngsten unserer Gesellschaft. Vielleicht habe ich sie von Anfang an besonders gut verstanden, da ich meine eigene Kindheit nicht unbedingt als zufrieden und glücklich erlebt hatte. Und dies, obwohl ich in einer sozial starken Familie mit vielen Möglichkeiten groß geworden bin. Heute weiß ich, dass zu einem gesunden Aufwachsen viel mehr gehört als ein sozialer Status mit den entsprechenden Möglichkeiten. Ich entwickelte aus meinem eigenen „sich nicht verstanden fühlen" ein empathisches Verstehen, welches die Leidenschaft erweckte, junge Menschen begleiten und unterstützen zu wollen. Anfänglich tat ich dies ehrenamtlich in kirchlichen Kontexten. Jugendarbeit, Leitung von Freizeiten und die Organisation von Kongressen für Jugendliche prägten meine eigene Jugendzeit. Ich begann in dieser Zeit auch schon, Mitarbeiter von Jugendtreffs zu begleiten und zu unterstützen.

So lag der Wunsch, auch beruflich mit Kindern und Jugendlichen zu arbeiten, nicht sehr fern. Ich studierte Lehramt auf Sekundarstufe II mit den Fächern Geschichte und Religion. Drei Semester lang, dann habe ich hingeschmissen. Das Studium hatte nicht viel mit dem zu tun, was ich machen wollte: Kinder und Jugendliche ein Stück ihres Weges zielorientiert zum Guten zu begleiten. Ich empfand das Studium als Ausbildung zur Fachidiotin mit viel zu wenig pädagogischem Kontext. Also blieb ich vorerst bei meiner leidenschaftlichen ehrenamtlichen Arbeit mit vor allem Jugendlichen und erlernte einen handwerklichen Beruf mit viel Kontakt zu Menschen und wurde Augenoptikerin.

Es wurde mir jedoch immer deutlicher, dass Empathie und gesunder Menschenverstand allein oft nicht reichen. An so vielen Stellen fehlte mir das Wissen, um Jugendliche wirklich zielorientiert unterstützen zu können. Die Probleme schienen vielschichtiger zu werden; Mobbing wurde immer mehr zum Thema, aber auch Versagensängste in der Schule und eine große Unsicherheit in Bezug auf die Zukunft. Also beschloss ich, Sozialpädagogik zu studieren. Ich wollte einfach mehr wissen, wie ich helfen, unterstützen und begleiten kann.

Meine erste Anstellung nach dem Studium endete in einer Katastrophe. In einer Jugendwohngruppe kam es zur Eskalation zwischen einem Jugendlichen und mir. Ich hatte verstanden, dass ich die Oberhand behalten muss. Der Konflikt schaukelte sich hoch, am Ende gab es einen abgängigen Jugendlichen, Sachschaden und eine frustrierte Sozialpädagogin, nämlich mich. Auch die Inhalte dieses Studiums brachten mich nicht weiter. Ich wusste immer noch nicht, wie ich jungen Menschen in Extremsituationen eine Hilfe sein konnte.

Es folgte die Ausbildung zur Kinder- und Jugendlichenpsychotherapeutin. Endlich hatte ich das Gefühl, genug Handwerkszeug zu haben, um Kindern und Jugendlichen wirklich helfen zu können. Aber erst mit der absolvierten Traumatherapie-Ausbildung habe ich verstanden, was bei so vielen Kindern und Jugendlichen wirklich los ist und wie ich sie zielgerichtet unterstützen kann. Ich liebte es, Kinder und Jugendliche zurück in ihre Stärke zu bringen. Ich wähnte mich am Ziel meiner Träume mit einem Job, der mich mit Freude erfüllte.

Gleichzeitig war ich sehr erstaunt, dass es diesen Beruf noch gar nicht lange gibt, obwohl ein so großer Bedarf besteht. Den Beruf Kinder- und Jugendlichenpsychotherapeut gibt es nämlich erst seit 1999, nur zwölf Jahre später, 2011, eröffnete ich meine Praxis. Für diesen Beruf gab es schon damals einen immer größer werdenden Bedarf. Meine Praxis war ruckzuck voll. Endlich konnte ich den ganzen Tag das tun, was ich für meine Bestimmung hielt. Ich „reparierte" Kinder.

Nach ein paar Jahren kamen Kinder erneut zu mir, Kinder, die ich zuvor erfolgreich behandelt hatte – dachte ich zumindest. Nach einer Zeit der Selbstzweifel kam ich zu der Erkenntnis, dass ich nichts übersehen oder falsch gemacht hatte. Vielmehr wurde deutlich, dass, wenn man etwas Gesundes in ein krankes System gibt, es eben krank wird. Vor allem wenn es sich um junge Menschen in der Entwicklungsphase handelt. Und dann war er auf einmal da, der eine Satz:

Kinder entwickeln Störungen – weil wir sie in der Entwicklung stören!

Meine Sicht änderte sich. Nachdem ich zuvor all meine Kraft und Zeit darauf verwendet hatte, Kindern und Jugendlichen aus ihrem persönlichen Dilemma herauszuhelfen, wollte ich von nun an dafür sorgen, dass sie gar nicht erst in so viele Dilemmas hineingeraten. Ich wollte keine Kinder mehr reparieren – ich wollte dafür sorgen, dass sie gesund bleiben. Wenn wir Erwachsenen unsere Kinder in ihrer Entwicklung stören, dann muss das Ziel sein, die Erwachsenen zu stärken und mit entsprechendem Wissen zu versorgen.

Also habe ich ein Weiterbildungsinstitut gegründet und bilde nun mit einem großartigen Team pädagogische Fachkräfte weiter. Pädagogische Fachtage an Schulen und in Kindergärten, Inhouse-

Schulungen, Fachvorträge und viele Seminare in unserer Academy zeigen mir mit wachsender Deutlichkeit: Der Bedarf steigt und steigt. Die Verhaltensauffälligkeiten von Kindern und Jugendlichen scheinen jährlich mehr und mehr zu werden, was die pädagogische Arbeit nicht leichter macht. An so vielen Stellen fehlt das grundlegende Verständnis für den Zusammenhang des Verhaltens von Kindern mit seiner Ursache. In den Elterngesprächen in therapeutischen Kontexten habe ich oft in sehr hilflose Augen geschaut. Es ist, als ob wir als Gesellschaft vergessen haben, was Kinder benötigen, um zu gesunden Persönlichkeiten heranzureifen. Durch meinen Podcast bekam ich weitere Einblicke in die pädagogische Wüste in unserer Gesellschaft. Alles fügte sich zusammen wie ein Puzzle.

Auf der einen Seite steht das Wissen, was unsere Kinder wirklich brauchen. Ich habe nicht aufgehört, selbst zu lernen und mich fortzubilden, bis ich gelernt hatte, jedes Kind zielorientiert zu unterstützen, welches zu mir kam. Ich machte mir einen Namen besonders als Expertin im Bereich ADHS und Trauma. So viele Eltern kamen auf Geheiß der Kita: „Ihr Kind ist nicht normal. Es kann keine 30 Minuten still sitzen, es kann sich nicht konzentrieren. Lassen Sie beim Psychologen mal ADHS abklären." Es ist schon krass, dass kleinen Menschen heutzutage abverlangt wird, solch eine lange Zeit still zu sitzen. Meines Erachtens sind 80 Prozent aller ADHS-Diagnosen falsch. Ein verborgenes Trauma verursacht annähernd die gleiche „Symptomatik" wie ein ADHS. In meiner Praxis mehrten sich die Anfragen in Bezug auf ADHS. Fast immer fand ich statt eines vermeintlichen ADHS ein nicht verarbeitetes Trauma. Mein Standardsatz war dann: „Wir kümmern uns erst um das Trauma und sehen dann, wie viel ADHS noch übrig bleibt." Neben den klassischen Traumafolgestörungen durch Gewalt oder Unfälle waren es besonders die versteckten Traumata, die viel Leid in Familien brachten: Geburtstraumata, frühe Traumata mit langfristigen Einschränkungen der Entwicklung und Beeinträchtigungen für ganze Familien. Schultraumata, entstanden durch Unachtsamkeit, enden in Schulverweigerung, Depression, Angststörung und sozialer Phobie.

So wuchs auf der anderen Seite die Erkenntnis, dass wir in unserer Gesellschaft mit allen Strategien, Konzepten und auch Ansichten genau das Gegenteil von dem tun, was gut ist für unsere Kinder. So wie ich vor zwei Jahren gesagt habe: „Ich habe keinen Bock mehr, Kinder zu reparieren, die andere kaputt machen", sage ich heute: „Es muss etwas zum Wohl unserer Kinder passieren in Deutschland, wenn wir als Gesellschaft die Zukunft aktiv und positiv gestalten wollen." Der falsche Blick auf unsere Kinder hat meines Erachtens katastrophale gesamtgesellschaftliche Folgen.

Zuallererst braucht es Aufklärung. Viel zu wenige Menschen wissen, welche Auswirkungen unsere jetzigen Verhaltensweisen, Bestimmungen und auch unsere Art der Kommunikation auf die Entwicklung unserer Kinder haben. Und noch weniger Menschen denken über die Langzeitfolgen und Auswirkungen auf unsere gesamte Gesellschaft nach.

Die Fragen in mir wurden immer drängender: Ist es uns als Gesellschaft eigentlich bewusst, was wir unseren Kindern unbewusst antun mit der Art und Weise, wie wir mit ihnen umgehen? Und haben wir eine Vorstellung davon, welche langfristigen Folgen dies für unsere gesamte Gesellschaft hat? Durch ein stetig größer werdendes Netzwerk, viele Podcast-Interviewpartner und noch mehr persönliche Gespräche erhielt ich Einblick in die vielen sozialen Lebenswelten von Kindern. Ein scheinbar nicht aufzuhaltender Trend mit katastrophalen Folgen wurde mir immer deutlicher: Es ist gewollt, dass unsere Kinder mehr Zeit in staatlichen Einrichtungen verbringen als innerhalb einer familiären Lebensgemeinschaft. Aber kaum jemand macht sich darüber Gedanken, was dies für die Kinder und somit langfristig für unsere Gesellschaft bedeutet.

Dieses Buch verfolgt daher zwei Ziele:

1. Aufklärung!

Wir müssen uns darüber bewusst sein, was wir tun und vor allem welche Auswirkungen unser Handeln hat. Für mich ist es unabdingbar, dass alle, die mit Kindern leben oder arbeiten oder Entscheidungen für sie treffen, Kenntnisse über die kurzfristigen und langfristigen Folgen von nicht verarbeitetem emotionalem Stress bei Kindern haben. Darin liegt die Hoffnung begründet, dass dieses Wissen ein neues Bewusstsein schafft und zu verändertem Handeln führt. Darum geht es im ersten Teil.

2. Inspiration!

Neue Handlungsstrategien benötigen neue Ideen. Im zweiten Teil des Buches möchte ich zum konkreten Umdenken anregen. Es ist an der Zeit, neue Wege zu gehen. Es ist fünf nach zwölf. Es gilt, eine „pädagogische Klimakrise“ abzuwenden.

Es ist ein Blick unter vielen möglichen auf unsere Kinder und unsere Gesellschaft. Sicherlich ist er gefärbt durch meine persönlichen Erfahrungen und Begegnungen. Ich würde mich freuen, wenn Sie sich dieser Blickrichtung öffnen, auch wenn sie nicht die allumfängliche Wahrheit ist. Diese gibt es in meinen Augen nicht. Aber sie ist ein Teil der Wahrheit, belegt durch viele Studien und Kennzahlen, vor denen wir nicht die Augen verschließen dürfen.

Gunda Frey, März 2022

1

Was ist nur los mit unseren Kindern?

Eine besorgte Erzieherin nimmt Kontakt zu mir auf. Ein kleiner Junge in ihrer Gruppe (vier Jahre alt) hat nach dem Lockdown einen Waschzwang entwickelt. Er steht unaufgefordert circa alle 20 Minuten auf und wäscht sich die Hände. Als die Erzieherin ihm sagt, dass er das nicht müsse, entgegnet dieser empört: „Aber ich will nicht, dass meine Oma stirbt."

Der Vater eines 14-Jährigen bittet um Unterstützung. Sein Sohn habe Angst vor dem Online-Unterricht entwickelt. Der Junge erzählt mir, dass alle Bildschirme während des Online-Unterrichts schwarz sind. Für ihn kommt jede Ansprache des Lehrers aus dem Nichts und versetzt ihn zunehmend in Panik. Also meldet er sich an und stellt dann die Kamera aus und das Mikro auf stumm. Er geht nicht mehr raus, trifft keine Freunde mehr und hat deutlich zugenommen. Der Besuch der Schule nach dem Lockdown fällt schwer. Er lebt weiterhin zurückgezogen.

Eine 19-jährige Studentin hat ihr Studium abgebrochen. Sie macht jetzt eine Ausbildung. Da sie allein lebt, fehlen ihr die Sozialkontakte. Sie kämpft deutlich mit einer depressiven Symptomatik und hat sich vor dem Abbruch des Studiums selbst in eine Klinik eingewiesen.

Diese Beispiele sind keine Einzelfälle und zeigen die Auswirkung der Pandemie auf unsere Kinder. Aber schon vor der Pandemie gab es eine besorgniserregende Entwicklung im Hinblick auf die psychische Gesundheit unserer Kinder. Bereits 2019 kämpfte jedes vierte Kind mit psychischen Störungen.[1] In Behandlung sind sie oft wegen Depressionen und Angststörungen. Die Barmer Krankenkasse belegt in ihrem Arztreport, dass sich die Inanspruchnahme von Psychotherapie durch Kinder und Jugendliche in den letzten elf Jahren mehr als verdoppelt hat, in manchen Regionen beträgt der Anstieg bis zu 236 Prozent.[2] Jährlich nimmt knapp eine Million Kinder psychotherapeutische Hilfe in Anspruch.[3] Bei einer Wartezeit von derzeit ein bis zwei Jahren kann man davon ausgehen, dass eine weitere Million Kinder auf ein psychotherapeutisches Hilfsangebot wartet.

Neueste Studien zeigen eine Verschiebung weg von Depressionen und verwandten Störungen zu einer scheinbar anderen Problematik: 2020 wurden 60 Prozent mehr Kinder wegen Adipositas behandelt als 2019.[4] Auch andere Essstörungen wie Bulimie haben zugenommen. Aber ist dies eine wirkliche Verschiebung oder handelt es sich nur um eine andere Ausdrucksform des gleichen Problems?

Schon seit geraumer Zeit wird immer offensichtlicher, dass mit unseren Kindern etwas nicht stimmt. Allein wenn ich die Zahl der ADHS-Diagnosen betrachte, wird mir ganz schwindelig. Konzentrationsschwierigkeiten, Schlafstörungen, Traurigkeit, sozialer Rückzug, oppositionelles (trotziges oder feindseliges) Verhalten, soziale Unsicherheit und vieles mehr beeinträchtigen das Leben unserer Kinder. Wir sehen es an der großen Lustlosigkeit, an der „Kein Bock"-Haltung – kein Bock auf Schule und auch kein Bock auf Engagement. Oftmals steht hinter dem „Kein Bock" Angst: Angst vor der Zukunft. Sie scheint für unsere Kinder immer unsicherer zu werden. Aber welche Rückschlüsse ziehen wir aus diesem Trend? Unsere Kinder und unsere Jugendlichen sind nicht anpassungsfähig? Oder wissen es nicht zu schätzen, in einem solch wohlhabenden

Land zu leben? Wohl eher nicht. Denn auch die Kinderarmut in Deutschland steigt weiter an.[5]

Um zu verstehen, was mit unseren Kindern wirklich los ist, lohnt es sich, den Blick weg von den Symptomen hin zu den Ursachen zu lenken. So wie es bei allen Dingen eine Ursache und Wirkung gibt, so gibt es für die steigende Zahl von Verhaltensauffälligkeiten auch eine Ursache. Das Verhalten von Kindern ist lediglich ein Ausdruck ihres inneren Erlebens. Sieht man genau hin, senden unsere Kinder uns eine ganz deutliche Botschaft. Mit ihrem auffälligen Verhalten schreien sie uns förmlich an: „Seht her. Es geht uns nicht gut. Wir kommen nicht klar."

Es ist ähnlich wie bei einer Pflanze: Wir kaufen sie und stellen sie dorthin, wo sie hübsch aussieht. Nach einiger Zeit werden die ersten Blätter welk, die Blüten fallen ab. Die Pflanze zeigt: Mir geht es nicht gut. Gedeiht eine Pflanze nicht, stellen wir uns meistens Fragen wie: „Habe ich sie genug gegossen? Steht sie am richtigen Platz? Habe ich den Dünger vergessen?" Zeigt hingegen ein Kind „welke Blätter", fragen wir uns, was mit dem Kind nicht stimmt, anstatt uns zu fragen, was wir vielleicht versäumt haben. Wir kategorisieren die Symptome in Störungen und geben den Kindern oder ihren Eltern die Schuld an ihrem Verhalten. Wir beschneiden junge Menschen in der Erwartung, dass sie dann neue Blätter produzieren.

Uns ist ein grundsätzliches Verständnis dafür abhandengekommen, was Kinder uns mit ihrem Verhalten signalisieren. Wir scheinen auch nicht mehr zu wissen, was sie wirklich brauchen. Vielleicht fehlt uns auch die Bereitschaft, dies wissen zu wollen. Pflanzen brauchen Licht, Wasser und Dünger. Die einen benötigen einen Standort in der Sonne, andere mögen etwas mehr Schatten. Bei Pflanzen wissen wir, was zu tun ist, oder wissen zumindest, wo wir es nachlesen können. Wissen wir das bei unseren Kindern auch? Ich habe in meiner Praxis viele verunsicherte Eltern erlebt, die nicht (mehr) wussten, was ihre Kinder wirklich brauchen, um sich gesund und störungsfrei zu entwickeln.

Wer sich mit dem Thema auseinandersetzen mag, findet es ausführlich beschrieben in meinem Buch „Kindern geben, was sie brauchen“[6]. Dort geht es um ein Grundverständnis, was passiert, wenn wir Kindern eben nicht geben, was sie brauchen. Diese Methodik des Verstehens kommt aus der Traumatologie.

Emotionale Belastung als Erklärung für Verhalten

Woher kommt nun all das nicht „normgerechte“ Verhalten? Eine sehr einfache Antwort wäre, dass jeder Mensch und jedes Kind einzigartig ist und eigentlich in gar keine Norm passen muss. Dann wäre jegliches Verhalten von Kindern als normal und gesund anzusehen. Wir hätten dann lediglich die Aufgabe, ihnen das Andersartigsein zuzugestehen und nicht abzutrainieren. Davon sind wir jedoch weit entfernt. Stattdessen haben wir angefangen, Verhalten in Symptome und in Störungen zu klassifizieren. Angesichts der Zunahme von psychotherapeutischen Behandlungen und Verhaltensweisen, welche eben als solche Störungen klassifiziert werden, lohnt sich aber ein zweiter Blick.

Belastende Kindheitserfahrungen spielen hier eine wichtige Rolle, denn diese Erfahrungen bleiben sozusagen im System stecken, wenn es keine Möglichkeit der Aufarbeitung gibt. An dieser Stelle setze ich diese Belastungserfahrungen mit dem Begriff Trauma gleich. Was ist ein Trauma? Der Begriff kommt aus dem Griechischen und bedeutet „Verletzung“. Im psychischen Kontext ist eine Verletzung der Seele gemeint. Ein seelisches Trauma kann immer dann entstehen, wenn für ein emotional anstrengendes Erleben keine geeignete Bewältigungsstrategie zur Verfügung steht. Dabei hat fast jedes Trauma Auswirkungen auf die seelische und auch körperliche Gesundheit des Einzelnen und prägt seine Zukunft maßgeblich – und sei es durch aus dem Erleben entstandene blockierende Glaubenssätze. Aber dazu später mehr. Erst einmal geht es um das klassische Traumaverständnis.

Nehmen wir ein Beispiel: Wird ein Kind von einem Hund gebissen, kann es sein, dass diesem Erleben von Schmerz, Angst und Hilflosigkeit keine Bewältigungsstrategie gegenübersteht. Dann wird in der Folge dieses Kind Angst vor jeder Art von Hunden entwickeln und sie als Sicherheitsverhalten in Zukunft meiden. Aus einem solchen Trauma entsteht nicht zwingend eine andauernde schwere Problematik, auch wenn die Angst vor Hunden eine Einschränkung im zukünftigen Leben des betroffenen Kindes bedeutet. Ein Trauma kann aber auch zu einer sogenannten „posttraumatischen Belastungsstörung" führen.

In der ICD 10 (Internationale statistische Klassifikation der Krankheiten und verwandter Gesundheitsprobleme) ist eine posttraumatische Belastungsstörung für Erwachsene klar definiert: Es braucht ein Ereignis von „außergewöhnlicher Bedrohung oder mit katastrophenartigem Ausmaß", welches „bei fast jedem eine tiefe Verzweiflung auslösen würde". Zusätzlich werden bestimmte Symptome benannt. Neben Reizbarkeit, Wutausbrüchen, erhöhter Schreckhaftigkeit, Konzentrationsschwierigkeiten und Schlafstörungen sind in der ICD 10 noch Vermeidungsverhalten und Wiedererleben der Belastung verzeichnet. Diese Aufzählung zeigt Parallelen zu diversen „Auffälligkeiten", die eine Vielzahl von Kindern zeigt: Konzentrationsschwierigkeiten, Wutausbrüche, Schreckhaftigkeit, Reizbarkeit und Schlafstörungen. Einzig das Ereignis von außergewöhnlicher Bedrohung oder mit katastrophalem Ausmaß scheint zu fehlen.

Es gibt jedoch Studien, die den Zusammenhang von belastenden Kindheitserfahrungen, die nicht nur von katastrophalem Ausmaß waren, und psychischen, körperlichen und sozialen Beeinträchtigungen im weiteren Leben festgestellt haben. Die ACE-Studie 1998 und 2002 hat genau diesen Zusammenhang untersucht.[7] Als belastende Kindheitserfahrungen, sprich Traumata, wurden in dieser Studie sowohl körperlicher als auch sexueller Missbrauch benannt, aber auch schwerer emotionaler Missbrauch und das Aufwachsen in einem Haushalt mit einem Alkoholiker oder Drogenkonsumenten, einem Familienmitglied im Gefängnis, einem geistig kranken oder chronisch depressiven Familienmitglied oder in einem Haushalt, in dem die Mutter körperlich misshandelt wurde oder in dem beide biologischen Elternteile nicht vorhanden waren. Dies alles sind Lebensumstände, die für einen Teil unserer Bevölkerung normal sind. Keiner würde erst mal vermuten, dass Kinder beeinträchtigt sein könnten, weil ein Elternteil depressiv ist.

Die Auswertung dieser Studie besagt, dass belastende Kindheitserfahrungen

- „quasi in jeder Familie erlebt werden unabhängig vom sozialen Status. Vielmehr noch, gerade in sozial starken Familien sind solche Erfahrungen häufig anzutreffen, obwohl sie meist unerkannt bleiben.
- auch nach 50 Jahren noch tiefgreifende Auswirkungen haben. Diese Auswirkungen zeigen sich sowohl in psychischen Erkrankungen wie Essstörungen, Süchten, Depressionen, Suizidversuchen und Burn-out als auch in körperlichen Erkrankungen wie zum Beispiel Diabetes und Herzerkrankungen und zusätzlich in sozialen Beeinträchtigungen durch eine eingeschränkte Arbeitsfähigkeit.
- somit die Hauptfaktoren für Gesundheit und soziales Wohlergehen sind.“[8]

Gerade die Langzeitstudie über 50 Jahre zeigt, dass Traumata zu weitaus schlimmeren Folgen führen können als zu einer akuten Belastungsreaktion. Vielmehr wird unser ganzes physisches und psychisches System in eine Dauererregung versetzt, welche auf die Abwehr einer drohenden Gefahr ausgerichtet ist. Dies hat weitreichende Folgen über die Symptomatik von Konzentrationsschwierigkeiten und Schlafstörungen hinaus, wird aber selten in Argumentationen einbezogen.

Zur Verarbeitung der Belastungserfahrung wird das Ich zum Schutz ungünstige Strategien wählen. Sie dienen dazu, den Schmerz nicht wieder fühlen zu müssen, führen aber zu weiteren Problemen. Wird zum Beispiel eine belastende Erfahrung in öffentlichen Verkehrsmitteln erlebt, wie eine Demütigung oder ein sexueller Übergriff durch Betatschen, und das Kind weigert sich in Zukunft, mit dem Bus zu fahren, wäre dies eine Vermeidungsstrategie. Ziel ist es, nie wieder ein solches Erlebnis zu haben. Einem Kind, welches öffentliche Verkehrsmittel meidet, drohen weitere Beeinträchtigungen. Es kann nicht mehr eigenständig zur Schule mit dem Bus fahren oder Freunde besuchen. Das kann wiederum zu dem Versuch führen, einen Mangel an Freundschaften zu kompensieren. Maßloses Essen ist hier eine von vielen Möglichkeiten, aber auch andere Verhaltensmuster wie Perfektionismus gehören dazu oder selbstverletzendes Verhalten. Übermäßiges Essen führt nachweislich wiederum zu gesundheitlichen Beeinträchtigungen: Extreme Fettleibigkeit kann einen frühen Tod nach sich ziehen. Darüber hinaus gibt es verschiedene weitere gesundheitliche Beeinträchtigungen auf körperlicher und seelischer Ebene.

In der gesamten Forschung wird immer mehr der Zusammenhang von körperlicher Erkrankung und psychischem Stress deutlich. Stress ist dabei weitaus mehr als zu viel Arbeit oder zu viele Termine. Es geht um traumatischen Stress in Form von nicht verarbeitetem, anstrengendem emotionalem Erleben. Den Umkehrschluss, mehr auf die psychische Gesundheit zu achten, bekommen wir (noch) nicht hin.

Weitere Studien belegen, dass es einen Zusammenhang zwischen belastenden Kindheitserfahrungen – also erlebten Traumata – und psychischen Auffälligkeiten gibt. Eine Studie zeigt zudem, dass Kinder mit einem diagnostizierten ADHS oftmals sehr viele solcher belastenden Kindheitserfahrungen, also Traumata, erlebt haben. Des Weiteren wurde ein klarer Zusammenhang erfasst zwischen der Schwere eines ADHS und der Anzahl der Belastungsfaktoren.[9] Mit anderen Worten, je mehr schwierige und emotional anstrengende Erlebnisse ein Kind in jungen Jahren durchleiden musste, umso wahrscheinlicher wird es eine ADHS-Symptomatik zeigen. Entwicklungspsychologisch betrachtet gibt es Phasen erhöhter Verwundbarkeit für chronisches Stresserleben.[10] Besonders in der frühen Kindheit und während der Pubertät weist das menschliche Gehirn eine erhöhte Plastizität (Eigenschaft der Veränderung) und damit eine erhöhte Empfindsamkeit für Erfahrungen auf. Dies wird in weiteren Ausführungen noch eine Rolle spielen.

So entwickeln sich möglicherweise Störungsbilder aufgrund von traumatischen Erfahrungen. Zum Beispiel kann traumatischer Stress bei der Geburt zu einer Regulationsstörung führen. Kinder mit einer Regulationsstörung haben Schwierigkeiten, sich selbst zu regulieren. Dies zeigt sich durch vermehrtes Schreien oder Verweigerung der Nahrungsaufnahme. Werden die Ursachen nicht erkannt und behandelt oder kommen weitere als traumatisch erlebte Erfahrungen hinzu, können sich weitere Störungen wie eine Bindungsstörung oder ein ADHS entwickeln. Aber auch Suizidalität, Angststörungen, Essstörungen und selbstverletzendes Verhalten haben ihre Ursache fast immer in nicht verarbeitetem emotionalem Stress. Je nach Alter und weiteren belastenden Erfahrungen können fast alle psychischen Störungen ursächlich als eine Traumafolgestörung eingestuft werden.

Wenn es bei Kindern nun nicht unbedingt ein Ereignis von katastrophalem Ausmaß braucht, welche Erlebnisse können dann zu solch einem Trauma führen? Das ist sehr unterschiedlich und subjektiv und hängt davon ab, welche Ressourcen zur Verarbeitung zur Verfügung stehen. Je nach Entwicklungsphase können die verschiedensten Situationen zu solch einem Erleben führen – auch der Tod des geliebten Hamsters.

Wir halten also fest: Es gibt einen klaren Zusammenhang zwischen erlebten Traumata und psychischen Auffälligkeiten. Es gibt sogar einen Zusammenhang zwischen erlebten Traumata und körperlicher Gesundheit. Es geht jedoch um viel mehr als eine Einteilung in Störungsbilder. Kinder zeigen ihren Versuch der Verarbeitung des Erlebten in vielfältigen Verhaltensweisen. Störungsbilder sind unterteilt in Symptome. Zeigt ein Kind sozialen Rückzug und Konzentrationsschwierigkeiten und mangelndes Interesse an vorher interessanten Dingen und verliert Gewicht, dann wird es als depressiv klassifiziert. Die Störung des Sozialverhaltens zum Beispiel weist die gleichen Symptome, sprich Verhaltensweisen auf wie ein Trauma nach DSM-IV, dem weltweiten Klassifikationssystem psychischer Störungen:

- Mangelnde Affekttoleranz und -regulation (das heißt so viel wie: Das Kind kann nicht gut mit Emotionen umgehen, findet aus einem Wutanfall nicht heraus, zeigt nicht die ganze Palette von Gefühlen von Traurigkeit über Scham bis hin zu Frust, aber auch echter Freude)
- Impulsives Verhalten/Kontrollverlust (damit ist gemeint, dass Wörter und Taten sofort folgen, ohne dass das Kind darüber nachzudenken scheint. Oft zeigt es sich auch in einem großen Risikoverhalten oder im Konsum von Alkohol oder Drogen)
- Verzerrte Wahrnehmung im Sinne einer generalisierten Attribuierung von Feindseligkeit (das heißt, diese Kinder fühlen sich ständig falsch verstanden und ungerecht behandelt. Gleichzeitig haben sie nicht die Fähigkeit, sich in den anderen hineinzuversetzen und empathisch mitzufühlen)
- Dysfunktionales Weltbild (dieses ist geprägt durch eine fehlende Zukunftsperspektive und ein großes Maß an Hoffnungslosigkeit)

Wir reden hier also insgesamt von einer mangelnden Fähigkeit, mit Gefühlen umzugehen. Bei Kindern zeigt sich dies oftmals durch aufbrausendes Verhalten, Wutanfälle, aber auch in Weinerlichkeit und Ängstlichkeit. Die Steuerungsfähigkeit, das heißt die Fähigkeit, nicht direkt das zu tun, was in den Kopf schießt, sondern überlegt zu handeln, ist stark eingeschränkt oder gar nicht vorhanden. Die betroffenen Kinder fühlen sich ständig angegriffen oder übervorteilt. Auch die fehlende Zukunftsperspektive und die Hoffnungslosigkeit haben ihren Ursprung in nicht verarbeitetem emotionalem Stress – sprich Traumata. Kleinere Kinder zeigen ihren emotionalen Stress auch deutlich zum Beispiel durch regressives Verhalten, das heißt, sie haben scheinbar von der einen auf die andere Sekunde etwas vergessen, was sie schon konnten. Sie fangen wieder an, am Daumen zu lutschen, machen wieder in die Hose oder können das gelernte Einmaleins auf einmal nicht mehr. In welcher Entwicklungsphase Kinder wie genau reagieren, wird in späteren Kapiteln erörtert.

Ist jedes „auffällige" Verhalten direkt auf traumatisch erlebten Stress zurückzuführen? Natürlich nicht, es ist wichtig, dieses von entwicklungspsychologisch normalem Verhalten zu unterscheiden. Für ein dreijähriges Kind ist es völlig normal, Angst vor Monstern unter dem Bett zu haben. Dies gehört zu seiner wachsenden Reifung und der Erkenntnis, wer das Kind ist in Bezug zu anderen. Oftmals wissen Eltern nicht mehr, was wann normal ist. Wir vergleichen gern unsere Kinder: Mein Kind kann schon laufen, deins auch? Wir setzen uns damit leider unter Stress. Andere Dinge sind uns jedoch peinlich zu fragen oder zu vergleichen. „Mein Kind hat Angst vor Monstern, deins auch?", habe ich selten in Gesprächen gehört. Zusätzlich zu dem abhandengekommenen Wissen um die Entwicklungspsychologie lohnt sich jedoch immer ein Blick auf den erlebten Stress eines Kindes.

Wie ein Trauma funktioniert

Ein sechsjähriges Mädchen hat eine starke Angst entwickelt, von der Mama getrennt zu sein. Am Anfang war sie nur gering, inzwischen kann die Mutter nicht einmal mehr kurz das Auto verlassen, um zum Beispiel in der Apotheke etwas abzuholen, ohne dass das Mädchen in Panik verfällt. Dies passt nicht in die entwicklungspsychologischen Fertigkeiten dieses Alters, in dem es darum geht, sich immer mehr als eigenständiges Wesen in der Differenzierung zu seiner Mutter zu begreifen. Bei genauem Hinsehen ist der Grund schnell gefunden. Vor einem halben Jahr war der Vater auf Geschäftsreise und als die Kinder schliefen, ging die Mutter in den Wäschekeller. Das besagte Mädchen wurde wach von einem schlechten Traum und rief nach den Eltern. Als keiner kam, stand sie verzweifelt auf und merkte, dass niemand da war. Das hat sie im wahrsten Sinne des Wortes zu Tode erschreckt. Sie fühlte sich allein und verlassen. Ihr Körper hat dieses Erlebnis dysfunktional abgespeichert und jedes Mal, wenn die Mama sich jetzt entfernt, fühlt dieses Mädchen den Schrecken von damals und bekommt Panik.

Sehen wir uns an dieser Stelle an, was ein Trauma ist und was genau als Folge bei Betroffenen passiert. Der Begriff Trauma stammt wie bereits erwähnt aus dem Griechischen und bedeutet Verletzung, ohne zu konkretisieren, wo und wie jemand verletzt wurde. Das Fachgebiet der Psychotraumatologie befasst sich mit der Entstehung, der Erfassung, dem Verlauf und der Behandlung von seelischen Verletzungen, die infolge von extrem belastenden und/oder lebensbedrohlichen Ereignissen auftreten.[11] Ein seelisches Trauma resultiert aus einem Ereignis im Leben eines Menschen, das vom individuellen Organismus als potenziell bedrohlich bewertet wurde, mit überwältigenden Gefühlen von Angst und Hilflosigkeit verbunden war, daher nicht zeitgleich verarbeitet werden konnte und für dessen Verarbeitung auch in der Folge nicht ausreichend Ressourcen (Gesundheit, andere Menschen, Geld, Nahrung, Geborgenheit...) vorhanden waren.[12]

Das verstaatlichte Kind

Trauma ist ein Diskrepanzerlebnis im zentralen Nervensystem zwischen bedrohlichen Situationsfaktoren und individuellen Bewältigungsmöglichkeiten, das mit Gefühlen von Hilflosigkeit und schutzloser Preisgabe einhergeht und so eine dauerhafte Erschütterung des Selbst- und Weltbildes bewirkt.[13] Die Erschütterung des Selbst- und Weltbildes bei einem Trauma bezieht sich vor allem auf diese vier elementaren Glaubenssätze:

- „Ich bin sicher."
- „Ich bin wertvoll."
- „Ich kann Menschen vertrauen."
- „Die Welt ist kontrollierbar."

Diese positiven Glaubenssätze werden im menschlichen Sein verankert, wenn die psychischen Grundbedürfnisse erfüllt werden. Professor Klaus Grawe teilt die psychischen Grundbedürfnisse folgendermaßen ein:

1. das Bedürfnis nach Bindung und Zugehörigkeit
2. das Bedürfnis nach Orientierung und Kontrolle
3. das Bedürfnis nach Lustgewinn und Unlustvermeidung
4. das Bedürfnis nach Selbstwerterhöhung und Selbstwertschutz

Die Erfüllung dieser vier Grundbedürfnisse ist ähnlich elementar für unsere positive Entwicklung wie die Stillung des Bedürfnisses nach genug Nahrung oder Flüssigkeit. Bekommen wir nicht genug Nahrung, schaltet unser Körpersystem auf „Notstrom", das heißt, alle Organe werden nur noch rudimentär versorgt, um den ganzen Körper am Leben zu erhalten, bis die Gefahr des Verhungerns vorbei ist. Der gesamte Fokus des Organismus wird sich umstellen. Die Nichterfüllung unserer psychischen Grundbedürfnisse hat einen ähnlichen Effekt. In einem ziemlich grausamen Experiment im 17. Jahrhundert wurde dies eindrücklich bewiesen: Verwaiste Säuglinge wurden in diesem Experiment mechanisch versorgt mit Nahrung und frischen Windeln, ohne jegliches Beziehungsangebot durch Stimme oder Körperkontakt. Die meisten dieser Säuglinge verstarben. Die Überlebenden waren ihr gesamtes Leben lang nicht beziehungsfähig und in unterschiedlicher Weise körperlich oder seelisch beeinträchtigt. Dies ist auch eine Erklärung dafür, warum belastende Erfahrungen besonders schwer wiegen, in die eine wichtige Bezugsperson involviert ist. Ständige Demütigungen der Mutter hinterlassen größere Spuren als die Demütigung durch einen wildfremden Menschen. Die Erschütterung des Selbst- und Weltbildes führt langfristig zu nicht hilfreichen und meistens sehr irrealen emotionalen Selbstüberzeugungen, sogenannten negativen Glaubenssätzen wie „Ich bin nicht gut genug“ oder „Ich bin nicht liebenswert“.

Traumatisierung bedeutet, dass keine Integration des Erlebten in unser Langzeitgedächtnis stattfinden konnte, weil eine Notfallreaktion verhindert, dass die Informationen in der langsamer arbeitenden Verstandesebene verarbeitet werden. Kann in dem Moment keine Verarbeitung stattfinden, ist unser System als komplexer Organismus jedoch gewillt, uns zu schützen, und sucht daher eine andere Lösung, um nicht in der unangenehmen Emotion hängen zu bleiben. Dies gelingt ihm, indem die Bestandteile des Erlebens zersplittert werden in verschiedene Bruchstücke. Besteht das ganze Erleben aus einem Bild, welches an die Situation erinnert, einem Gefühl, einer Körperwahrnehmung und einem Satz, der sich festschreibt, so etwas wie „Ich bin hilflos“, dann werden die Bruchstücke dieses traumatisierenden Ereignisses unzusammenhängend in ihren unterschiedlichen Wahrnehmungsqualitäten in Gehirn, Muskeln, Gefühl und Körpererleben gespeichert. Fehlende Integration bedeutet hier fehlende räumliche und zeitliche Einordnung. Betroffene können das Geschehene dann nicht chronologisch und nachvollziehbar mit allen Einzelheiten wiedergeben. Positive Erlebnisse sind zum Beispiel mit allen Modalitäten in unserem Langzeitgedächtnis abgespeichert. Wenn Sie sich an Ihren letzten schönen Urlaub erinnern, dann werden Sie ein Bild in ihrem Kopf abrufen können. Sie werden chronologisch davon berichten können, ein Gefühl und ein Körpergefühl dazu wahrnehmen können. Es wird sich automatisch eine Kognition ergeben wie „Ich bin glücklich". Dies alles ist bei einem traumatischen Ereignis nicht möglich. Eine Frau berichtete von Höhenangst. Durch ein bestimmtes Konfrontationsverfahren kam die Ursprungssituation wieder in ihr Erleben. Als kleines Kind hatte sie auf dem Dachboden einer Scheune gespielt. Auf einmal war sie durch eine Luke nach unten geknallt direkt vor die Jungbullen. Ihr war nichts passiert. Der Schreck mit dem Erleben von Sekunden „Ich sterbe jetzt" hat sich jedoch in ihrem System als Höhenangst festgesetzt. Das Bild und die Emotion und das Körpergefühl hat sich zerteilt und war nicht mehr als Ganzes abrufbar. Jedes Erklimmen von Höhe wurde darauf ein Trigger und zeigte sich in Höhenangst.

Werden traumatische Erinnerungen durch Ähnlichkeiten im aktuellen Erleben abgerufen (getriggert), dann fühlt es sich so an, als sei die Gefahr jetzt wieder vorhanden, und Notfallhandeln wird nötig. Die Reaktion auf Trigger erfolgt automatisch: Trifft das Kind, welches vom Hund gebissen wurde, ohne Vorwarnung erneut auf einen Hund, dann wird dieses Kind sehr wahrscheinlich in das Angst- und Stresserleben von dem Moment des Hundebisses zurückfallen, sprich in eine Art Notfallreaktion. Diese Reaktionen lassen sich bezeichnen als *fight*, *flight* und *freeze*. Das heißt, das Überlebenssystem wird aktiviert und folgende Möglichkeiten stehen zur Verfügung: Kann ich kämpfen? Dann wird das Kind vielleicht laut schreien und um sich schlagen. Kann ich weglaufen? Dann wird das Kind vielleicht ohne Vorwarnung und ohne auf den Straßenverkehr zu achten, über die Straße rennen, Hauptsache weg von dem Hund. Kann ich mich totstellen? Dann wird das Kind erstarren, in der Hoffnung, dass der Hund es so nicht bemerkt. Wichtig zu wissen, ist, dass dies in Bruchteilen von Sekunden automatisch passiert. Hier agiert nur das limbische System, welches unser Warnsignal für Gefahren ist. Der präfrontale Kortex, der Teil unseres Gehirns, der für das überlegte Denken und Handeln zuständig ist, wird zum eigenen Schutz in dieser Situation deaktiviert und ist nicht zugänglich. Dies erklärt auch, warum in solch einer Situation Worte wie „Guck mal, der tut ja gar nichts" und „Was für ein süßer kleiner Hund" überhaupt keine Wirkung zeigen. Die Notfallreaktion kann nicht gesteuert werden, sobald das Erleben von damals reaktiviert wird.

Wenn wir in der Folge über Traumatisierungen von Kindern sprechen, dann müssen wir zusätzlich bedenken, dass für Kinder andere (kleinere) Belastungen ausreichen können als für Erwachsene, um die individuellen Bewältigungsmöglichkeiten zu übersteigen und ein Diskrepanzerleben auszulösen. Vereinfacht gilt: Je niedriger das Entwicklungsalter und die Ressourcen des Kindes, desto geringer die Bewältigungsfähigkeiten. Unser neuronales System versucht, uns immer zu schützen. Das heißt, in Zukunft wird unser Unterbewusstsein versuchen, ähnliche Situationen zu vermeiden, um nicht wieder in das emotionale Stresserleben der Ursprungssituation zu kommen. Das Mädchen, welches starkes Angstverhalten zeigt, wenn die Mutter nur augenscheinlich weggeht, versucht letztendlich, nicht wieder die Hilflosigkeit des Alleinseins zu erleben. Der Versuch, die Mutter bei sich zu behalten, ist eine Schutzreaktion, um nicht wieder dem Gefühl von Verlassensein und Hoffnungslosigkeit ausgesetzt zu werden. Im Unterbewusstsein hat sich ein Satz festgefressen wie: „Ich bin in Gefahr, wenn Mama nicht da ist."

Vermeidungsverhalten bei Kindern zeigt sich viel vielfältiger als bei Erwachsenen. Es kann sich ausdrücken durch:

- Vermeidung von allem, was an das Erlebnis erinnern könnte (auch darüber reden)[14]
- Rückzug gegenüber Eltern und/oder Spielkameraden, emotionale Taubheit[15]

- Abflachung der Gefühle, Emotionslosigkeit[16]
- Scheinbare Teilnahmslosigkeit und Gleichgültigkeit der Umwelt gegenüber
- Eingeschränktes Spielverhalten[17]
- Vermindertes Interesse an zuvor bedeutsamen Dingen[18]
- Entfremdungsgefühle[19]
- Verändertes, dysreguliertes Essverhalten[20]
- Wahrnehmung einer verkürzten Zukunft (glaubt nicht, jemals erwachsen zu werden oder Schule zu beenden)[21]
- Übermäßige Sorge um Familienmitglieder[22]
- Verlust schon erworbener Fähigkeiten (Sprache, Sauberkeitserziehung)[23]
- Regressives Verhalten (Daumenlutschen, Einnässen, spricht wie ein kleines Kind, Angst vor Alleinsein)[24]

So viele langfristige Traumafolgestörungen könnten vermieden werden, wenn wir das Verhalten unserer Kinder verstehen. Ich denke an ein Mädchen, dessen Opa als eine Hauptbezugsperson verstorben war. Sie litt so sehr unter dem Tod, dass es ihr die Sprache verschlagen hatte, obwohl sie schon gut sprechen konnte. Da keiner ihr Leid erkannte und der Fokus der Erwachsenen nur auf der nicht vorhandenen Sprache lag, kam dieses Mädchen auf eine Förderschule. Dort erlebte sie noch mehr Leid und musste sich mühselig ihren Platz in der Gesellschaft zurückerkämpfen. Wir können unseren Kindern so viel Leid ersparen. Wir tun also gut daran, die psychischen Grundbedürfnisse unserer Kinder zu kennen und „abnormales" Verhalten als Ausdruck von erlebtem emotionalem Stress (Traumata) zu sehen und nicht nach der Maxime zu handeln, dass unsere Kinder funktionieren müssen um jeden Preis.

Kinder werden innerhalb unserer Gesellschaft sehr schnell als nicht normal abgestempelt und zum Ergotherapeuten, Psychologen oder sonst wohin geschickt. Aber wer legt eigentlich die Norm fest?

Wenn die Norm beinhaltet, dass Vierjährige hoch motiviert über 30 Minuten still sitzen müssen, sollten wir die Norm überdenken, da sie nicht den entwicklungspsychologischen Fähigkeiten jedes Kindes in diesem Alter entspricht.

In den folgenden Kapiteln werden wir unsere gängigsten Normen und Regularien in den unterschiedlichsten Entwicklungsphasen unserer Kinder betrachten und die Bedeutung für ihre seelische, physische und psychische Gesundheit darlegen.

2

Schwangerschaft und Geburt

„Wir wissen, dass Katzen zum Gebären ungestört sein müssen, an einem dunklen, einsamen Ort, vielleicht vorbereitet mit einer weich ausgeschlagenen Schachtel. Und alle, die Katzen kennen, wissen auch, dass man eine Katze beim Gebären oder ihr Neugeborenes nie stören darf, sonst hören die Wehen auf oder sie nimmt ihre Jungen nicht an.

Und jetzt stellen Sie sich vor, dass vor langer Zeit eine Gruppe von gut meinenden Wissenschaftlern sich vorgenommen hat, das Gebärverhalten von Katzen zu untersuchen. Sie haben angefangen, Katzen beim Gebären zu beobachten im hell erleuchteten, lauten, modernen Labor. Sie schlossen sie an viele Monitore und Sonden an, umgaben sie mit fremden Technikern, die ständig rein und raus gingen, um alles zu dokumentieren.

Die Studien an den gebärenden Katzen in den hell erleuchteten Kabinen gingen über viele Jahre. Es zeigte sich, dass die Geburtsarbeit unkoordiniert wurde, länger dauerte oder mittendrin aufhörte. Die Katzen waren zunehmend gestresst, ihr Stöhnen und ihre Schreie waren schrecklich. Die Jungen hatten Sauerstoffnot, kamen deprimiert zur Welt und brauchten Reanimation.

Das verstaatlichte Kind

Da kamen die Wissenschaftler zum Schluss: Es scheint, dass Katzen nicht gut gebären können.

Sie erfanden Maschinen, um das Gebären zu verbessern und den Sauerstoffgehalt im Blut der Jungen zu überwachen, sie erfanden Schmerzmittel und Tranquilizer, Wehenmittel und Wehenhemmer und entwickelten Notfalloperationen…

Jahre gingen ins Land, die Arbeit der Labors nahm zu, immer neues Personal wurde eingestellt…

Sie hatten noch nie erlebt, wie Katzen an einem einsamen Platz in einer weichen ausgeschlagenen Schachtel ihre Jungen gebären – wieso auch, was für eine gefährliche Idee! Sie waren absolut überzeugt, dass Katzen ohne die Hilfe von viel Technologie nicht gebären können. … Sie waren sehr zufrieden mit sich selbst, ihrer klugen und guten Arbeit und den vielen Katzen und Jungen, die sie gerettet haben.“[25]

Jedes dritte Kind wird via Kaiserschnitt geboren // Zahlen – Daten – Fakten

Für mich ist diese Katzenfabel sehr gut übertragbar auf unsere Sicht auf und unseren Umgang mit Geburt. Ein natürlicher Vorgang wird durch den gut gemeinten Einsatz von Technologie und Überwachung eher verkompliziert als verbessert. All das bleibt nicht folgenlos für Mutter und Kind. Gebärende werden nicht selten unter Druck gesetzt im Sinne von: „Wenn Sie jetzt der Geburtseinleitung nicht zustimmen, dann sind Sie schuld, wenn Ihr Kind behindert auf die Welt kommt oder Schlimmeres passiert.“

Hier trifft das Recht auf Selbstbestimmtheit der Gebärenden auf die Ökonomisierung in der Geburtshilfe. Auf der einen Seite soll die werdende Mutter selbst bestimmen dürfen, auf der anderen Seite ist dies in Angesicht einer mediatisierten, technisierten und hospitalisierten Geburtshilfe sehr schwierig. Zudem wird Selbstbestimmung häufig mit „wir informieren die Mutter darüber, welche richtige Entscheidung sie zu treffen hat" gleichgesetzt.[26] Schwangere werden als Kunden in einem Wettbewerb gesehen. Selbstbestimmung wird so beschränkt auf: Die werdende Mutter darf sich die Klinik aussuchen oder über einen Wunschkaiserschnitt entscheiden.[27] Eine informierte Selbstbestimmung, bei der eine werdende Mutter bewusst und ohne Druck entscheidet, wie und wann und unter welchen Rahmenbedingungen sie ihr Kind zur Welt bringen möchte, gibt es de facto nicht.

1. So werden die Leitlinien der Deutschen Gesellschaft für Gynäkologie und Geburtshilfe e. V. (DGGG) häufig als Vorschriften dargestellt (zum Beispiel wird die verfrühte Einleitung der Geburt unterschiedlich je nach Krankenhaus gehandhabt, jedoch im konkreten Fall oft als alternativlos dargestellt).
2. Entscheidungen wie die zum Kaiserschnitt nach längerer Zeit in den Wehen werden mit dem Einverständnis und der Unterschrift der Gebärenden eingeleitet unter dem Stichwort Selbstbestimmung, dies wird jedoch von den Gebärenden oft nicht als Selbstbestimmung empfunden. Diese fühlen sich stattdessen im Zustand der Erschöpfung überrumpelt und stimmen zu, weil ihnen keine Alternative angeboten wird.[28]

Mit anderen Worten, den werdenden Müttern wird mit angstmachenden Worten die Pistole auf die Brust gesetzt, eine Entscheidung zu treffen, die sie so eigentlich oftmals nicht treffen möchten. Diese Stresshormone übertragen sich auf das Ungeborene. Durch dieses Vorgehen ist in Deutschland ein erschütternder Trend zu verzeichnen: „Die technisierte, risikomanageriale Schwangerschaft und Geburt unter den Verdacht von Pathologien stellende Geburtsmedizin hat sich als dominierende durchgesetzt – nur etwa zwei Prozent der Schwangeren bringen ihr Kind außerklinisch (zuhause oder in einem Geburtshaus) zur Welt".[29] Hebammen wird das Leben zusätzlich schwer gemacht mit der Einführung einer überhöhten verpflichtenden Versicherung. „[...] die selbstständigen Hebammen können aufgrund der extrem hohen Haftpflichtprämien ihren Beruf nicht mehr ausüben, obwohl sie nachweislich gute Betreuung leisten und wesentlich weniger Kaiserschnitte anfallen. So kann ein einzelner Haftpflichtfall das Ende der Berufstätigkeit bedeuten".[30] Es wird also systematisch dafür gesorgt, dass Hausgeburten oder Geburten in Geburtshäusern verschwinden. Insgesamt nimmt die Anzahl der spontan Gebärenden stetig ab.

Dies zeigt sich deutlich in den wachsenden Kaiserschnittraten. Seinen Niederschlag findet dies u.a. in den drastisch gestiegenen Interventionsraten, hier vor allem in den Kaiserschnittraten in Deutschland. Seit 1991 ist die Kaiserschnittrate auf über das Doppelte gestiegen (2015: 32,23 Prozent).[31] Auch im Jahr 2020 erblickte fast jedes dritte Neugeborene (32,4 Prozent) per Sectio das Licht der Welt.[32] Die Weltgesundheitsorganisation (WHO) sieht eine Kaiserschnittrate von lediglich 10 bis 15 Prozent als medizinisch indiziert an. Eine Rate über 15 Prozent hingegen spricht dafür, dass zu oft und unnötig in den Geburtsverlauf eingegriffen wird und damit Aspekte der Frauen- und Neugeborenengesundheit von anderen Faktoren überlagert werden.

Was sind nun die Gründe für solch eine Vorgehensweise? In Hinblick auf die Katzenfabel könnte man annehmen, dass die Meinung weitverbreitet ist, dass Frauen es ohne Hilfe nicht schaffen. Doch tatsächlich gibt es eine Reihe von Gründen. „Entscheidend für diese starke Erhöhung sind u.a. die Art der Klinikorganisation, das unterschiedliche ärztliche Vorgehen bei Entscheidungsspielräumen und die starke Orientierung der Geburtshelfer_innen an Planbarkeit, Kalkulierbarkeit und Haftungsrecht".[33]

Dies äußert sich wie folgt:

- Kliniken haben einen finanziellen Vorteil, wenn Entbindungen via Kaiserschnitt durchgeführt werden.
- Ein Kaiserschnitt ist planbar und schont somit vor allem Personalressourcen.
- Auch Regress und Haftpflichtanforderungen bewegen Kliniken dazu, einen Kaiserschnitt zu forcieren, da die Risiken vermeintlich reduziert werden können.
- Der Grund von Interventionen in der Geburtshilfe ist dem Bedürfnis nach Kontrolle geschuldet und nicht unbedingt der Frage, was das Beste für Mutter und Kind ist.
- Im Vordergrund steht immer mehr die Angst der Ärzte und nicht die Ängste der werdenden Mutter, da es Arztleitlinien gibt, bei deren Nichteinhaltung den Ärzten rechtliche Konsequenzen drohen.[34]

Somit überwiegen bei der Entscheidung der Maßnahmen innerhalb der Geburtshilfe rechtliche und wirtschaftliche Gründe. Ich bezweifle, dass dies den werdenden Müttern bewusst ist. Vielmehr wird die Angst vor Komplikationen und damit verbundenen eventuellen Regressansprüchen an die Mütter mit Druck weitergegeben. „Wenn Sie jetzt dieser Intervention nicht zustimmen, dann sind Sie verantwortlich, wenn Ihr Kind Schaden leidet.“ Welche Erstgebärende würde nicht bei diesem Druck fast allem zustimmen, was man ihr vorschlägt? Dabei geht es um viel mehr. Auch schon bei der Geburt darf nicht nur die physische Unversehrtheit ein Entscheidungsmerkmal sein.

Dass die Betrachtung des gesunden Kindes rein auf die Physiologie bezogen ist, wird in dem nächsten Kapitelabschnitt mehr als deutlich. Um die Auswirkungen eines Kaiserschnitts auf die psychische Gesundheit von Kind und Mutter genauer zu verstehen, braucht es wesentliche Informationen, was eigentlich bei einer Spontangeburt passiert und bei einem Kaiserschnitt oder auch bei der Anwendung einer PDA (Periduralanästhesie) ausbleibt.

- Es gibt ein Hormon namens Oxytocin. Dieses Hormon ist maßgeblich verantwortlich für unsere Bindungs- und Liebesfähigkeit.
- Dieses wunderbare Hormon wird während der Wehen und der Geburt als ein Teil eines komplexen Cocktails bei der Mutter freigesetzt. Eigentlich werden die Wehen durch den Anstieg genau dieses Hormons ausgelöst. Der Druck des Babys auf den Muttermund reguliert im weiteren Verlauf der Geburt den Ausstoß von Oxytocin.
- Da der Säugling noch durch die Nabelschnur mit der Mutter verbunden ist, wird er im Laufe des Geburtsvorgangs auch mit diesem Hormon versorgt.
- Dieses Hormon, ausgeschüttet an die beiden Beteiligten, beschleunigt die Bindung zwischen Mutter und Kind, es löst Wohlbefinden aus und vermindert Ängste, da das körpereigene Belohnungssystem aktiviert wird.
- Besonders in den Stunden direkt nach der Geburt entscheidet eine kurze, unwiederholbare Phase über die Qualität der weiteren Mutter-Kind-Bindung. Hierbei ist es relevant, ob dieses Hormon durch die Geburt ausgeschüttet werden konnte oder nicht.[35]

Wird nun eine PDA gesetzt, hat dies unmittelbare Auswirkungen auf die Ausschüttung dieses sehr wichtigen Hormons.

- Der Reiz durch den Schmerz, der durch den Druck des Kopfes auf den Muttermund gesetzt wird, bleibt durch die PDA aus. Dadurch wird das Hormon Oxytocin in einem viel geringeren Maß und nur verzögert ausgeschüttet.
- Bei einem Kaiserschnitt bleibt die Entwicklung des Oxytocins gänzlich aus, vor allem bei einer geplanten Geburt, bei der es noch nicht einmal zu dem Einsetzen von Wehen gekommen ist.

- Frauen, die ihre Kinder mit nur relativ kurzen Wehen per Kaiserschnitt entbinden, haben ebenfalls keine oder eine nur sehr geringe Oxytocinausschüttung.
- Die Folge ist eine Einschränkung beim Aufbau der Bindung zwischen Mutter und Kind.
- Da bei jedem Stillvorgang Oxytocin ausgeschüttet wird, zeigt sich bei stillenden Müttern ein Nachreifen dieses Bonding-Prozesses. Wird der Säugling hingegen nicht gestillt, fehlt der Mutter auch hier dieses Bindungshormon.
- Auch wenn die Mutter durch das Stillen von der nachträglichen Ausschüttung des Oxytocins profitiert, so gibt es für den Säugling keine Möglichkeit, nachträglich mit diesem Hormon im notwendigen Maße versorgt zu werden, wenn die Versorgung nicht über die Nabelschnur stattgefunden hat.[36]

Was das für Säuglinge bedeutet

Welchen Einfluss hat die Art der Geburt auf das Neugeborene? Einen sehr entscheidenden. Durch die Geburt kann die erste traumatische Erfahrung in dem zarten System des Säuglings gespeichert werden. Wie bereits erwähnt ist die Verwundbarkeit in den ersten Lebensjahren besonders hoch. Die erhöhte Plastizität des Gehirns sorgt für eine erhöhte Empfindsamkeit für Erfahrungen. Zu solchen Geburtstraumata gibt es inzwischen eine Reihe von Studien und selbst auf der Website der Firma Rossmann findet man Informationen zum Thema Geburtstrauma. Ich habe in meiner Praxis einige Geburtstraumata auflösen dürfen. Wie können wir uns solche nun genauer vorstellen?

Der Embryo schwimmt neun Monate weich gebettet in der Fruchtblase. Es ist muckelige 37 Grad warm, Geräusche dringen nur wie durch Watte zu ihm durch und alles, was er in der späten Schwangerschaft sehen kann, ist in rot gedämpftes Licht getaucht. Bei einem

Kaiserschnitt befindet sich die Mutter im OP. Dort liegen die Temperaturen bei 18 bis 24 Grad und es herrscht grelles Licht. Allein diese Faktoren machen deutlich, dass solch eine Geburt für das Kind ein Schockerlebnis sein kann, verbunden mit großem emotionalem Stress.

Der nächste Schock ist die „Abwesenheit" der Mutter. „Das Baby kann nicht bei der Mutter bleiben und auch nicht gleich an ihrer Brust saugen. Die hormonelle Unterstützung fehlt. Das Kind ist dadurch häufiger gestresst, die Darmflora ist beeinträchtigt und im Vergleich zu vaginal geborenen Babys drei Monate im Rückstand. Eine gesunde Darmflora ist aber wichtig zur Ausbildung des Immunsystems neben dem Stillen. Das hat auch Auswirkungen auf Allergien, Diabetes, Asthma und rheumatische Erkrankungen aller Art".[37] Aber damit nicht genug. Der Säugling kennt nur die Bewegungen, Geräusche und Töne seiner Mutter. Diese sind ihm vertraut, er identifiziert sich damit, er ist quasi eins mit seiner Mama. Diese ist bedingt durch die Narkose nicht verfügbar. Somit fehlt dem Säugling die Identifizierung mit sich selbst. Das kann durchaus Todesangst auslösen. Ähnlich verhält es sich im Übrigen auch bei Kindern, die nach der Geburt direkt von der Mutter getrennt werden – sei es aus medizinischen oder anderen Gründen.

Was heißt es für das Kind, sich nicht selbst durch den Geburtskanal kämpfen zu müssen? Die geburtsauslösenden Wehen bedeuten aus der Sicht des Kindes: „Ich bin so weit. Ich habe Kraft gesammelt und ich mache mich jetzt auf, mein Ich – in dem Fall ist dies noch gleichbedeutend mit der Mutter – kennenzulernen." Was passiert nun, wenn die Erfahrung „Anstrengung hat einen guten Ausgang" ausbleibt? Welche Auswirkungen hat es auf das Kind, wenn diese Erfahrung der gemeinsamen Kraftanstrengung nicht gemacht werden kann? Gepaart mit dem Schockerlebnis von Kälte, Helligkeit und Abwesenheit der Mutter wird diesem Kind eine wichtige Erfahrung geraubt, eine Selbstwirksamkeitserfahrung, die notwendig ist für eine stabile psychische Entwicklung. Nicht benötigte Eingriffe beeinträchtigen natürliche Vorgänge. „Das Zusammenspiel zwischen Mutter und Kind, die Wahrnehmung, das Gespür füreinander, der Instinkt, die Intimität, die Entstehung der Liebesfähigkeit, der gesamte Bonding-Prozess wird gestört."[38] Natürlich gibt es medizinische Gründe, in denen das kleinere gegen das größere Übel abgewogen werden muss und ein Kaiserschnitt durchaus sinnvoll ist. Es gibt aber genug Fälle, in denen ein Kaiserschnitt nicht zwingend ist. Bekommt jede werdende Mutter all diese umfassenden Informationen, was ein Kaiserschnitt nun wirklich mit ihr und ihrem Kind macht?

Ein weiterer Faktor ist die bei einem Kaiserschnitt oder einer PDA mangelnde Ausschüttung des Neurotransmitters Oxytocin. Der fehlende Botenstoff hat weitreichende Auswirkungen auf die weitere Entwicklung des Kindes, vor allem auf die Bindungsfähigkeit; Oxytocin wird nicht umsonst auch als das Bindungshormon bezeichnet. Nicht selten haben Mütter nach einem Kaiserschnitt, aber auch nach anderen geburtseinleitenden Maßnahmen wie dem Kristeller-Handgriff (bei dem Druck auf den Bauch ausgeübt wird, um die Geburt zu beschleunigen) eine gestörte Beziehung zu sich selbst und auch zu ihrem Kind. Hier mag das fehlende Hormon mitverantwortlich sein. Aber auch das Gefühl, etwas verpasst zu haben, spielt hier im Nachhinein eine Rolle.

Der Stress für Mutter und Kind beginnt zudem häufig schon vor der Geburt, denn Stressempfinden der Mutter wird auf den Fötus übertragen, wenn auch nicht eins zu eins, dafür sorgen schützende Enzyme und die Plazenta. Bei Stress wird Adrenalin ausgeschüttet, dieses hat eine hemmende Wirkung auf die Durchblutung der Gebärmutter und der Fötus wird schlechter mit Nährwerten versorgt. Dies kann sich auch auf das Wachstum des Fötus auswirken und für vorzeitige Wehen verantwortlich sein. „Pränataler Stress hebt beim Ungeborenen den Stresshormonspiegel dauerhaft an und beschleunigt die Hirnreifung", sagt der Neurologe Matthias Schwab, der die

Arbeitsgruppe „Fetale Hirnentwicklung und Programmierung von Erkrankungen im späteren Leben" an der Hans-Berger-Klinik für Neurologie am Universitätsklinikum Jena leitet. „Stress während der Schwangerschaft ist deshalb ein wesentlicher Risikofaktor für spätere Depressionen und andere Krankheiten".[39] Hier zeigt sich, dass Psychologie und Physiologie nie getrennt voneinander betrachtet werden dürfen, da sie in Wechselwirkung zueinander stehen.

Wodurch entsteht nun der Stress bei der werdenden Mutter? Von Beginn der Schwangerschaft wird durch unsere Vorsorgeuntersuchungen Angst konditioniert. Schwangerschaft wird immer unter dem Risikogesichtspunkt betrachtet, Vorsorgeuntersuchungen werden rechtlich verpflichtend gemacht. In Zukunft soll sogar die Zahlung des Kindergeldes von durchgeführten Vorsorgeuntersuchungen abhängig gemacht werden. Es wird also von Beginn an der Eindruck vermittelt, es sei ein Risiko, schwanger zu sein, und Kinder könnten ohne ärztliche Unterstützung nicht ordentlich im Mutterleib gedeihen. Eigentlich werden werdende Mütter in Bezug auf ihr Recht auf Selbstbestimmtheit entmächtigt. Inzwischen gehen Forscher so weit, zu sagen, dass die Schmerzen der Frau unter der Geburt durch Unkenntnis, Furcht und Angst hervorgerufen werden. Die Gemütsverfassung der Mutter hat somit einen maßgeblichen Einfluss auf die Geburt und somit auch auf die Gemütsverfassung des Babys.[40]

Eine Geburt unter hohem emotionalem Stress bei gleichzeitigem Fehlen des wichtigen Bindungshormons ist ein denkbar schlechter Start des Neugeborenen ins Leben.[41] Vielleicht erlebt nicht jeder Säugling einen Kaiserschnitt als traumatisch, dennoch wird der erste Stressor einem möglichen Stressorkontinuum hinzugefügt. Und je mehr Stressoren sich ansammeln, desto höher die Wahrscheinlichkeit von psychischen Auffälligkeiten oder gar Störungen. Oftmals zeigen besonders Kaiserschnittkinder schon auf der Kinderstation die ersten Anzeichen einer Anpassungsstörung, wenn sie von der

Mutter dann auch noch getrennt werden mussten.[42] Direkte Folgen werden in dem „Verhalten“ der Babys sichtbar: Schlafschwierigkeiten, vermehrtes Schreien, Unruhe, Entwicklungsverzögerungen sind nicht selten zu beobachten.

Langfristige Folgen

Mit welchen langfristigen Beeinträchtigungen ist nun durch den erhöhten Stress während der Geburt zu rechnen? Unmittelbar innerhalb weniger Wochen kann sich der nicht verarbeitete Stress der Geburt durch eine Regulationsstörung zeigen, dies äußert sich zum Beispiel in vermehrtem Schreien scheinbar ohne Grund. Schreiambulanzen täten gut daran, diesen Aspekt als mögliche Ursache in ihren Methoden zu berücksichtigen. Durch die ausbleibende Selbstwirksamkeitserfahrung (eines unserer psychischen Grundbedürfnisse) der Anstrengung, durch den Geburtskanal zu kommen, kann oftmals von einer verminderten Stressresilienz im weiteren Leben ausgegangen werden. Hierzu ein Beispiel aus meiner Praxis:

Eine 18-jährige Patientin kam zu mir mit den Diagnosen der sozialen Phobie, ADS und Depression. Sie traute sich sehr wenig zu, ging selten neue Dinge an und hatte große Probleme mit der mündlichen Beteiligung im Unterricht. Eine bereits durchgeführte Verhaltenstherapie zeigte keinen Erfolg. Wir identifizierten schnell eine nicht verarbeitete emotional sehr prägende Situation aus der ersten Grundschulwoche. Nach Auflösung dieses Traumas, welches sozusagen im Körper stecken geblieben war, berichtete die Mutter von der Geburt. Sie vermutete ein Geburtstrauma. Nach anfänglichen Wehen waren diese wieder zurückgegangen, das ungeborene Mädchen schien noch nicht so weit zu sein. Anstatt ihr die notwendige Zeit zu geben, wurde über den Kopf der Mutter ein Kaiserschnitt eingeleitet. Die Erfahrung „Ich kämpfe mir selbstbestimmt zu meiner Zeit den Weg ins Leben“ konnte das Mädchen nicht machen. Stattdessen machte sie die Erfahrung von

Hilflosigkeit und Überforderung. Dies spiegelte sich in ihrem Alltag wider, da sie sich nicht traute, etwas Neues zu beginnen oder auszuprobieren. Die Vermeidungsstrategie eines Traumas hielt sie davon ab. Ihrem Unterbewusstsein war die Gefahr zu groß, so etwas wie bei der Geburt wieder zu erleben. Nach erfolgreicher Auflösung beider Traumata machte sie erfolgreich ihr Abitur, spielte vor der gesamten Schule inklusive Eltern und Lehrer am Klavier vor und entschied sich für ein Freiwilliges Soziales Jahr 400 Kilometer entfernt vom Elternhaus. Alles Dinge, die vorher undenkbar gewesen wären.

Aus meiner psychotherapeutischen Praxis gibt es unzählige weitere Beispiele, wie sich ein Geburtstrauma auf die Entwicklung von Kindern auswirkt. Die Entwicklung eines destruktiven Glaubenssatzes „Ich kann allein nichts schaffen“, wie bei der oben genannten Patientin, scheint da noch das kleinste Übel. Und dennoch hat genau diese Erfahrung dazu geführt, dass ihr ein selbstbestimmtes und freies Leben erschwert wurde.

Nach der Geburt zeigen von Geburtstraumata betroffene Kinder vermehrt Regulationsstörungen und eine verminderte Stressresilienz. Der Grundstein für eine ADHS-Diagnose wird gelegt. Im späteren Verlauf zeigen sie einen erhöhten Bewegungsdrang als Vermeidungsverhalten. Es gilt, den Stress nicht wiedererleben zu müssen. Dies kann den Körper in einen andauernden Hyperarousal (Übererregbarkeit des autonomen Nervensystems) versetzen. Dieser ist jedoch deutlich zu unterscheiden von einer ADHS-bedingten Hyperaktivität, wird aber häufig mit dieser verwechselt und die Kinder werden falsch „behandelt“. Es besteht eine erhöhte Wahrscheinlichkeit von weiteren psychischen Folgeschäden, welche im ersten Kapitel benannt wurden.

Fernab von möglichen psychischen Störungen besteht auf jeden Fall die Gefahr der Etablierung eines blockierenden Glaubenssatzes. Ein Kind, welches mit dem Gefühl „Ich kann selbst nichts bewirken“

auf die Welt kommt, trägt die Überzeugung „Ich bin auf Hilfe angewiesen" in sich. Dieser Glaubenssatz kann sich durch die Art und Weise, wie wir mit Kindern umgehen, durchaus verfestigen. Das Ergebnis sind Menschen, welche sich ständig als Opfer sehen, da ihnen keiner so hilft, wie sie es zu brauchen meinen. Die Art und Weise, wie wir das Licht der Welt erblicken, hat also viel damit zu tun, wie wir uns im späteren Verlauf selbst wahrnehmen. Dies hat wiederum einen großen Einfluss auf all unsere Handlungsmöglichkeiten, auf unsere Stressresilienz, Konfliktfähigkeit und vieles mehr.

Eine weitere große Schwierigkeit ist das Fehlen des Bindungshormons. Unter allen psychischen Grundbedürfnissen ist das nach Bindung und Zugehörigkeit das elementarste und gleichzusetzen mit dem Bedürfnis nach Nahrung. Wird unser Bedürfnis nach Bindung nicht gestillt, hat das Auswirkungen auf unser gesamtes System. Eine reaktive Bindungsstörung (die Unfähigkeit, eine tragfähige Bindung zu Bezugspersonen aufzunehmen) kann in Einzelfällen die Folge sein. Aber in jedem Fall wird der natürliche Bindungsaufbau zwischen Mutter und Kind massiv erschwert und es ist langfristig mit Schwierigkeiten im Bereich Bindungsfähigkeit zu rechnen. Soziale Interaktion wird schwieriger, das Urvertrauen als soziale Einstellung des Vertrauens in Menschen mit der Erfahrung von Sicherheit und Geborgenheit kann nicht entwickelt werden. All das hat einen maßgeblichen Einfluss darauf, wie wir als Menschen miteinander agieren.

Wenn nun mehr als 30 Prozent unserer Kinder per Kaiserschnitt auf die Welt kommen, sie durch das fehlende Hormon und weitere Stressoren Schwierigkeiten im Bindungsaufbau haben, dann müssen wir uns nicht über Scheidungsraten oder immer größer werdende soziale Distanz wundern. Kommen im weiteren Lebenslauf mehr Stressoren dazu, steigt die Wahrscheinlichkeit der Entwicklung weiterer Störungen, die wiederum das zwischenmenschliche Leben beeinflussen. Betrachten wir die zunehmende Entfremdung in unserer Gesellschaft, ist dies nicht nur sozioökonomisch bedingt durch

Abwanderung in die großen Städte und den Verlust von engen Sozialgefügen. Vielmehr fehlt immer mehr Menschen die Möglichkeit zum Beziehungsaufbau und einem empathischen Miteinander.

Es stellt sich die Frage: Warum muten wir mehr als einem Drittel unserer Kinder zu, mit solchen Voraussetzungen ins Leben zu starten? Kann allein Pragmatismus in Kliniken und Wirtschaftlichkeit die Grundlage sein, Kaiserschnitte, Geburtseinleitungen und PDAs durchzuführen, ohne die langfristigen Schäden für die Kinder zu berücksichtigen?

Ganz unberücksichtigt ist bei dieser Betrachtungsweise die Auswirkung der fehlenden Spontangeburt auf das Erleben und die Psyche der Mutter. Auch diese verdient es, betrachtet zu werden. Immer mehr Frauen berichten von traumatischen Geburtserfahrungen und verheerenden Folgen für ihre eigene Psyche, aber auch von der Unfähigkeit, sich nach diesen Erfahrungen angemessen um ihr Kind zu kümmern. Wenn sich schon der Stress der Schwangerschaft auf das Ungeborene überträgt, wird dies umso mehr der Fall sein in der direkten Interaktion, denn schließlich fehlt der Schalldämpfer in Form der Plazenta und des geschützten Raums im Bauch der Mutter. Die beeinträchtigte Psyche der Mütter wirkt direkt auf die Säuglinge. Auch dies ist ein Faktor der ACE-Studie.[43] Hier wird das Leben in einem Haushalt mit einem psychisch erkrankten Elternteil als Stressfaktor benannt, der weitere psychische Störungen im Sinne des Stressorkontinuums begünstigt.

Ein Elternpaar kommt zu mir. Ihre Tochter ist inzwischen ein Jahr alt. Beide haben die Geburt ihrer Tochter durch verschiedene Interventionen als traumatisch erlebt und berichten von dem Gefühl einer Wand zwischen ihnen und ihrer Tochter. Sie lieben sie, dennoch hat sich ein dysfunktionaler Glaubenssatz „Ich bin hilflos“ festgesetzt. Bei dem Vater war es die erlebte Hilflosigkeit. Seine Tochter war im vergangenen Jahr ein Trigger, er fiel immer wieder in dieses Gefühl der Hilflosigkeit, das er während der Geburt empfunden hatte. Bei der Mutter war es das Gefühl des

Ausgeliefertseins, da keiner ihre Bedürfnisse während der Geburt gehört hatte oder darauf eingegangen war. Auch sie erlebte ihre Tochter als Trigger für das ständige Wiedererleben dieses Gefühls.

Ich habe mit jedem Elternteil einzeln diese Traumata auflösen können, was einen direkten positiven Effekt auf die Interaktion mit ihrer Tochter hatte. Die Folgen einer traumatischen Geburt sind, wie an dem Beispiel zu sehen ist, also nicht nur aus dem subjektiven Blickwinkel des Kindes zu betrachten. Neben dem Verlust der Erfahrung „Meine Anstrengung wird belohnt", dem Nichtvorhandensein des Bindungshormons, dem Stress von Kälte und grellem Licht sowie der Übertragung des Stresses der Mutter auf das Kind ist auch noch die Auswirkung der möglichen Traumatisierung der Eltern als Indikator für weiteres emotional stressvolles Erleben zu berücksichtigen. Dies zeigt sich unter anderem in einem stetigen Gefühl, nicht gesehen zu werden, und in der Folge davon werden zum Beispiel Minderwertigkeitsgefühle sichtbar.

Ich könnte unzählige weitere Beispiele der Entwicklungsstörung nach Frühtraumatisierung aus meiner psychotherapeutischen Praxis erzählen. In vielen Fällen war die Geburt der Startpunkt des traumatischen Erlebens. Sehr oft kamen weitere Stresserlebnisse in den ersten sechs Lebensjahren hinzu. Ich möchte hier betonen, dass eine Entwicklungsstörung sich nicht von allein verwächst. Wird diese nicht erkannt und entsprechende Maßnahmen ergriffen, hat dies in jedem Fall Folgen für die gesamte Entwicklung dieses Menschenkindes und damit auch für sein erwachsenes Sein.

3

Kindergarten

Eine meiner zahlreichen Reisen durch die Republik führte mich zu einem sehr engagierten Kindergarten-Team. Die Erzieherinnen kannten mich vom #Kitahelden Kongress, bei dem ich einen Vortrag gehalten hatte. Der Wunsch nach Austausch war groß. Das ganze Team war versammelt und wir diskutierten über die Grenzen und Möglichkeiten der Betreuung im Kindergarten. Voller Stolz zeigten sie mir auch ihre Räume. Ich fand besonders die Großzügigkeit der Raumgestaltung für die Kleinen bemerkenswert. Beim Schlafraum hatte ich dagegen den Eindruck, in einem Zoo gelandet zu sein. Stapelbare Gitterbetten an der Wand entlang aufgestellt, drei hintereinander und immer zwei übereinander, die oberen mit einem Rollgitter, damit kein Kind herausfallen konnte. Wir kamen darüber ins Gespräch. Mir wurde gesagt, dass Räume in der Größe ihrer Spielflächen heute nicht mehr genehmigt würden. Offiziell stünden laut Gesetzgebung in diesem Bundesland unter 60 Quadratmeter für 25 Kinder und zwei Erzieher zur Verfügung. Irgendwo hätten sie Platz einsparen müssen. Um den Bewegungsraum der Kinder so groß wie möglich zu halten, war der Schlafraum halt sehr klein ausgefallen.

Dies wäre die einzige Möglichkeit, dafür zu sorgen, dass alle Kinder ihre planmäßige Ruhe bekämen. Ich war schockiert. Es fühlte sich wie Massenkinderhaltung an.

Inzwischen habe ich in mehreren Kitas Inhouse-Schulungen durchgeführt und pädagogische Fachtage gestaltet. Ich habe hinter die Kulissen geschaut und bin erschüttert darüber, was wir unseren Kindern abverlangen und zumuten in ihrer Hochentwicklungsphase – in der Phase, in der Synapsen durchs Entdecken miteinander kommunizieren und die Verhaltensmuster für das gesamte weitere Leben gelegt werden.

Massenhaltung Kind // Zahlen – Daten – Fakten

Wir leben in einem Land der Bürokratie und so hat auch die Betreuung der Kleinsten einen festen Rahmen. Mir war lange Zeit nicht bewusst, dass es für alles eine Vorschrift gibt. Bei diesen Vorschriften, Regeln und Normen geht es leider lediglich um äußere Rahmenbedingungen, um Dinge, die messbar sind, wie Raumgröße, Betreuungsschlüssel und rechtliche Vorgaben. Hier sehen wir den gleichen Fokus auf Wirtschaftlichkeit und Messbarkeit wie bei der Geburtshilfe. Das Kind in seiner Einzigartigkeit und als individuelles Wesen, welches geschützt und gefördert werden darf und muss, findet in all diesen Regularien wenig Raum. Auch dies hat Folgen für die Entwicklung unserer Kinder.

Raumgröße

In jedem Bundesland gibt es Richtlinien für Kindertageseinrichtungen. „Beispielsweise im Freistaat Bayern gelten heute unter anderem folgende Standards:

- Für 25 Kinder sind 50 Quadratmeter für den Gruppenraum vorgegeben, das heißt zwei Quadratmeter pro Kind. Wird die Stellfläche für Möbel abgezogen, bleibt vielleicht noch etwas mehr als ein Quadratmeter je Kind.

- Ein Mehrzweckraum rentiert sich erst ab 75 Kindern, für 50 Kinder ist er gerade noch finanzierbar, bei 25 Kindern rechnet sich die Ausgabe nicht.
- Die vorgeschriebene Mindestfläche des Freispielgeländes wurde wegen zu hoher Grundstückskosten gestrichen – was sich vor allem für Stadtkinder sehr negativ auswirkt."[44]

Der Landschaftsverband Rheinland empfiehlt eine Gruppenraumgröße von circa 60 bis 70 Quadratmetern. Damit erhöht sich der zur Verfügung stehende Raum pro Kind fast auf zwei Quadratmeter. Die Außenspielfläche hingegen soll so groß sein, dass jedem Kind zehn bis zwölf Quadratmeter zur Verfügung stehen.[45] Bei einer Einrichtung mittlerer Größe mit drei Gruppen und einer Gesamtbelegung von 70 Kindern würde dies eine Außenfläche von 600 bis 720 Quadratmeter ergeben. Ich habe jedoch noch nie solch eine große Außenfläche gesehen.

In dem Artikel „16 Länder – 16 Raumvorgaben"[46] wurde der Unterschied in den Ländern deutlich dargelegt. Während offizielle Gremien in Deutschland und der EU einen Mindestraum von viereinhalb bis sechs Quadratmeter pro Kind im Sinne einer gesunden Entwicklung empfehlen, sieht die Realität ganz anders aus. Im Mittelwert kommen wir deutschlandweit auf 2,4 Quadratmeter pro Kind. Hierbei wird nur die Quantität berücksichtigt, die Qualität der Ausstattung bedürfte einer weiteren Analyse.

Hier stellt sich also die Frage: Wie viel Raum gestehen wir unseren Kindern in ihrer Hochentwicklungsphase zu? Wovon wird die Berechnung des Raumes abhängig gemacht? Auch die Frage, warum wir so weit hinter den EU-Vorgaben zurückliegen, sei an dieser Stelle erlaubt. Natürlich sind dies nur Zahlen. Aber wie sieht das

Leben in einer Kindertagesstätte in der Realität aus? Wie sollen sich Kinder auf solch engem Raum mit sehr unterschiedlichen Bedürfnissen und Fähigkeiten gut entwickeln können?

Betreuungsschlüssel

Auch beim Betreuungsschlüssel zeigt sich der Bildungsföderalismus, er wird in jedem Bundesland unterschiedlich festgelegt. Maßgeblich sind meistens das Alter und die Gruppengröße. In Sachsen-Anhalt gibt es für Kinder ab drei Jahren einen Betreuungsschlüssel von 0,08, das heißt, dass zwei Erzieher 25 Kinder betreuen. In anderen Bundesländern ist der Betreuungsschlüssel deutlich höher – in der Theorie. In der Realität sieht es jedoch oftmals ganz anders aus. Da werden Gruppen geöffnet auch bei großem Personalnotstand und einer effektiven „Betreuung“ einer Gruppe durch einen einzigen Erzieher. Und dies, obwohl es im Rahmen des Unfallschutzes und der gesetzlichen Bestimmungen gar nicht zulässig ist.

Die Mindeststandards der Europäischen Union sind noch einmal deutlich höher als die deutschen:

- eine Fachkraft für drei Kinder bis eineinhalb Jahre
- eine Fachkraft für vier Kinder bis drei Jahre
- eine Fachkraft für acht Kinder zwischen drei Jahren und Schuleintritt

Diese sind jedoch in Deutschland nicht gesetzlich verankert.
Welche Auswirkungen hat der Betreuungsschlüssel auf die Entwicklungsmöglichkeiten unserer Kinder? Wie viel Einfühlungsvermögen kann ein Erzieher oder ein Pädagoge gleichzeitig für zwölf Kinder aufbringen? Meines Erachtens ist so lediglich eine Aufsicht möglich – jedoch keine Förderung oder gar ein Eingehen auf die Bedürfnisse der einzelnen Kinder. Eltern fordern ihr Recht auf den Kitaplatz ein und

reagieren empört, wenn es heißt, eine Gruppe müsse geschlossen bleiben. Schließlich haben sie ja einen Rechtsanspruch. Es ist aber eigentlich genauso rechtlich festgelegt, dass eine Betreuungskraft für eine Gruppe nicht ausreichend und damit nicht zulässig ist. Gleichzeitig fehlen Erzieher und Pädagogen landesweit in erschreckender Zahl, immer weniger Kräfte stehen einer stetig wachsenden Nachfrage gegenüber. Ein scheinbar nicht lösbares Dilemma, welches auf dem Rücken der Kinder und auch der Betreuungskräfte ausgetragen wird.

Eingewöhnungsphase

Ein weiteres wichtiges Thema in diesem Kontext ist die Eingewöhnungsphase der Kinder in die neue Umgebung Kindertagesstätte. Hier gibt es zwei verschiedene Modelle, das Berliner und das Münchner Modell. Beide sind in unterschiedliche Phasen eingeteilt. Das Berliner Modell umfasst vier Phasen, grundsätzlich soll die Eingewöhnung innerhalb einer Woche abgeschlossen sein, sie kann im Einzelfall auch einmal zwei bis drei Wochen dauern. Das Münchner Modell geht von fünf Phasen aus, hier sind zwei Wochen vorgesehen, in denen die Eltern mit dem Kind in die Einrichtung kommen. Danach sollen sie ihr Kind erst für eine kurze Zeitspanne und dann immer länger verlassen.

Das heißt, die Eingewöhnung für Kinder im Kita-Alter ist auf die maximale Dauer von drei Wochen ausgerichtet. Leider ist auch das eher realitätsfern. Mit Sicherheit ist es sinnvoll, eine Richtlinie zu erstellen und eine Struktur bzw. einen Masterplan für die Eingewöhnung von Kindern zu haben. Jedoch darf dies niemals zur Pflicht werden. Das eine Kind ist vielleicht schon nach drei Tagen eingewöhnt und startklar für den Kindergartenalltag, ein anderes benötigt vielleicht sechs Wochen oder mehr, um sich gut einzugewöhnen. Wird an dieser Stelle Druck ausgeübt, wird das Kind es noch schwerer haben, mit Freude und Leichtigkeit in den Kindergarten zu gehen.

Aber auch schwerwiegendere Folgen wie die Entwicklung von Ängsten, sozialer Rückzug oder Albträume können möglich sein.

Auswirkungen auf die gesamte Entwicklung unserer Kinder

Entwicklungspsychologisch ist die Zeit, in der unsere Kinder in den Kindergarten gehen, die Zeit, in der sich Synapsen schließen und neue Verknüpfungen hergestellt werden. Diese Schließung der Synapsen wird angeregt durch das natürliche Entdecken und die dabei gesammelten Erfahrungen. Kinder entdecken sich und die Umwelt, sie probieren aus, „ecken" an, sie stoßen sich und lernen bestenfalls daraus. Bewegung ist hier das wichtigste Element – Krabbeln, Laufen lernen, Sprechen lernen, all das gehört zu diesen Lernvorgängen. Kinder in diesem Alter lernen mehr denn je durch Erfahrung. Sie explorieren sich selbst. Als Säuglinge kommen sie grenzenlos auf die Welt und entdecken nun die Welt an ihren Grenzen. Sie entdecken sich durch die Begrenzung des Getragenwerdens oder der Grenzen des Bettchens. Kleine Menschen „verstehen" keine Grenzen, sie erleben sie dadurch, dass sie sich beim Krabbeln stoßen oder schlicht nicht weiter kommen.

Neben diesen Lernerfahrungen ist dies obendrein die Phase, in der das „Betriebssystem" des Menschen konfiguriert wird: In dieser Zeit entscheidet sich, wie der Mensch sein erwachsenes Leben gestalten wird. Sicherlich kommen ab dem sechsten Lebensjahr noch weitere Aspekte der Sozialisation hinzu, jedoch wird in den ersten sechs Lebensjahren der Grundstein für das menschliche Sein gelegt. Kinder in diesem Alter nehmen sozusagen die Schwingungen (die Art, wie das Gegenüber tickt) der Hauptbezugspersonen auf und übernehmen diese als ihr eigenes „Betriebssystem". Das kann man sich vorstellen wie eine Stimmgabel, die man anschlägt und die dadurch einen Ton von sich gibt. Hält man nun eine zweite Stimmgabel in die Nähe der ersten, kommt diese in Schwingung und erzeugt einen Ton, ohne angeschlagen werden zu müssen.

Was passiert nun, wenn der Explorationsraum auf einen Quadratmeter begrenzt ist? Wie viel „Welt" können Kinder da entdecken? Welche Auswirkungen hat es, wenn die Hauptbezugsperson mit elf oder mehr Kindern geteilt werden muss? Was macht es mit einem Kind, wenn auf seine Bedürfnisse nicht eingegangen werden kann, weil die Vorschriften eine Eingewöhnungsphase von einer Woche vorsehen? Im harmlosesten Fall bleibt es einfach hinter seinen Möglichkeiten zurück. Im schlimmsten Fall verinnerlicht das Kind negative Glaubenssätze, die die weitere Entwicklung maßgeblich beeinträchtigen.

Stellen wir uns das „Entdeckerkind" bildlich vor. Es läuft überallhin, dreht an allen Knöpfen, exploriert und entdeckt die Welt durch Aktivität. Es braucht viel Bewegung und viele Anreize. Nun kann es sich aber nicht entdecken. Der Raum ist zu klein. Es darf nicht durch die Gegend laufen, wie es möchte. Es wird andauernd gemaßregelt, in der Spielecke zu bleiben, welche es sich ausgesucht hat. Die Folge ist, dass gewisse Lernerfahrungen nicht gemacht werden können. Bestimmte Synapsen können sich nicht schließen. Durch die Maßregelung lernt das Kind früh, sich anzupassen und zu funktionieren, einer Norm zu entsprechen. Das eigene kreative Ich wird blockiert. Eine der grundlegendsten Lernerfahrungen wird daher sein: „Ich muss funktionieren."

In der gleichen Gruppe ist auch ein „Guckerkind". Es ist zurückhaltend, braucht viel Ruhe und Raum für sich, lernt durch Zusehen. Bei einem Quadratmeter pro Kind ist der Gedanke an Raum für sich schon fast blanker Hohn. Dieses Kind mit seinem Bedürfnis nach Langsamkeit und Ruhe wird durch das Entdeckerkind aus seiner Komfortzone gerissen. Zudem wird es im Trubel der Gruppe untergehen, Aufmerksamkeit wird eher den lauten und fordernden Kindern geschenkt. Ein Eingehen auf die Bedürfnisse des Guckerkinds ist kaum möglich bei dem herrschenden Betreuungsschlüssel. Eine der grundlegendsten Lernerfahrungen wird daher sein: „Ich bin nicht wichtig."

Diese beiden Kinder werden also mit den Betriebssystemen „funktionieren/nicht anecken" und „nicht wichtig/relevant" ausgestattet. Dies hat Auswirkungen auf die zukünftigen Entscheidungen und Handlungen des Kindes und prägt sein Weltbild nachhaltig.

Nehmen wir noch exemplarisch ein drittes Kind hinzu. Dieses Kind erlebt sowohl die begrenzten räumlichen Möglichkeiten als auch die begrenzte Eingewöhnungszeit und die fehlende Bezugspersonenbindung als emotionalen Stress. Da es noch klein ist, besitzt es keine Bewältigungsstrategien für diesen. Es wird dementsprechend durch diese Zeit traumatisiert. Ein Trauma entsteht, wie bereits ausgeführt, dann, wenn für subjektiv erlebten emotionalen Stress keine Bewältigungsstrategie zur Verfügung steht. Kleine Kinder zeigen natürlich keine Traumafolgesymptome wie Intrusionen, Flashbacks oder Ähnliches, sie zeigen ihr Trauma durch ihr Verhalten: durch Angst oder übermäßige Traurigkeit, durch Schreckhaftigkeit oder Aufgeregtheit, durch aufsässiges oder hyperaktives Verhalten. Verhaltensweisen, die in solch einem engen Raum mit einem so geringen Betreuungsschlüssel zur Überforderung auf beiden Seiten führen müssen.

Dieses Verhalten führt dann häufig dazu, dass Kinder schon früh Kinder- und Jugendlichenpsychotherapeuten vorgestellt werden, mit der Frage, ob ein ADHS dahintersteckt. Handelt es sich dann noch um eines der Kinder, welche traumatischen Stress während oder durch die Geburt erlebt haben, potenziert sich der Stress und somit auch das vermeintlich „falsche" Verhalten. Den Eltern wird womöglich vorgeworfen, ihr Kind nicht erzogen zu haben. Der Blick auf den erlebten Stress der Kinder oder auch nur auf die unerfüllten Bedürfnisse der Kinder bleibt unberücksichtigt.

An dieser Stelle sei noch auf fehlende Ausbildungsinhalte in pädagogischen Kontexten hingewiesen. Kaum eine pädagogische

Fachkraft weiß um den Zusammenhang von Verhalten und emotional nicht verarbeitetem Stress. Das Wissen, dass jedes Verhalten einen guten Grund hat, würde das pädagogische Arbeiten auf ein neues Level bringen. Aber wahrscheinlich hätten wir dann auch eine große Anzahl von rebellierenden pädagogischen Fachkräften, die deutlich zeigen, dass sie nicht bereit sind, unter diesen Rahmenbedingungen Kinder zu begleiten.

Der Betreuungsschlüssel, gepaart mit chronischer personeller Unterbesetzung und fehlenden Ausbildungsinhalten, führt nicht unbedingt zu großer Gelassenheit bei den Erziehern. Anke Ballmann beschreibt in ihrem Buch „Seelenprügel"[47] sehr eindrücklich, dass unsere Kinder in Kindertagesstätten tagtäglich emotionaler Gewalt ausgesetzt sind. Dies geschieht nicht aus Böswilligkeit der pädagogischen Fachkräfte. Es hat vielmehr mit Überforderung, mangelnden Kenntnissen und schlechten Rahmenbedingungen zu tun. In Viersen, der Stadt, in der ich lebe, ist letztes Jahr sogar durch die Gewalteinwirkung einer Erzieherin ein Kind zu Tode gekommen. Diese wurde schon während der Ausbildung als nicht fähig gesehen, diesen Job mit Leben zu füllen. Dennoch bestand sie das Examen und arbeitete in dem Beruf – mit katastrophalen Folgen. Keiner ist jedoch bereit, auf Ursachenforschung zu gehen und das Geschehen im Gesamtkontext zu betrachten, das heißt sich der Misere zu stellen. Der Rechtsanspruch auf einen Kindergartenplatz ab einem Alter von einem Jahr scheint familienfreundlich und soll Familien entlasten und unterstützen. Werden jedoch nicht die Rahmenbedingungen an die Bedürfnisse unserer Kinder angepasst, ist dies keine Entlastung. Daraus resultierende Verhaltensauffälligkeiten kosten alle Beteiligten Zeit und Kraft und oftmals auch Geld, da die notwendige oder hilfreiche professionelle Unterstützung auch finanziert werden muss.

Die zunehmende Bürokratisierung und die Erwartungen an die Kinder bleiben im öffentlichen Diskurs zum Thema frühkindliche Entwicklung scheinbar gänzlich unberücksichtigt. Es lohnt sich ein zweiter und dritter Blick. Kinder, die mit drei Jahren (!) noch nicht 30 Minuten im Stuhlkreis still sitzen können, werden als „nicht normal“ eingestuft und beim Psychologen vorgestellt. Kinder, die mit sechs Jahren noch „über die Linie“ malen, ereilt gleich der Stempel „entwicklungsverzögert“ und sie werden dem Ergotherapeuten vorgestellt. Schon im Kindergarten wird auf das Funktionieren innerhalb sehr eng gesteckter Rahmen Wert gelegt. Es ist ja auch nicht anders möglich mit viel zu kleinen Räumen und viel zu wenig pädagogischen Betreuungspersonen. Wenn dann deren wertvolle Zeit mit Ausfüllen von Evaluationsbögen und Fortschrittsanalysen und dem Einhalten von irgendwelchen Bestimmungen gefüllt wird, bleibt eben keine Zeit für die Einzigartigkeit und individuelle Lernwelt jedes einzelnen Kindes.

Im Grunde genommen machen die Kinder mit ihrem nicht normgerechten Verhalten auf die Missstände aufmerksam. All ihr vermeintlich aufsässiges, trauriges, trennungsängstliches Verhalten sagt: „Schaut her. Mir geht es nicht gut. Hier ist etwas im Busch.“ Und eigentlich müsste genau in diesem Alter der Raum und die Zeit da sein, um genau auf dieses Rufen einzugehen und Veränderung zu schaffen.

Langfristige Folgen

Was bedeutet nun all das für die weitere Entwicklung hin bis zum Erwachsenenalter? Gehen wir davon aus, dass in den ersten sechs Lebensjahren das Betriebssystem für alle weiteren Entscheidungen und Handlungsabläufe konfiguriert wird: Was haben unsere Kinder unter den herrschenden Bedingungen in unseren Betreuungseinrichtungen bis dahin gelernt? Dies hängt natürlich auch von den individuellen Charaktereigenschaften und Rahmenbedingungen ab. Unterm Strich bleiben jedoch die oben erwähnten Glaubenssätze „Ich muss funktionieren“ oder „Ich bin wertlos“ als Grundlage für weiteres Handeln im Betriebssystem verankert.

Wenn wir einmal genau in uns hineinhorchen, kennen vermutlich die meisten von uns diese beiden Sätze aus unserem eigenen Leben in unterschiedlicher Ausprägung. So können wir auch nachvollziehen, wie beeinträchtigend diese Glaubenssätze für ein freies und glückliches Leben sind. Das tiefe innere Wissen, dass die eigenen Bedürfnisse nichts wert sind, gepaart mit dem Anspruch des Funktionierens, ist natürlich hilfreich für die weitere Schullaufbahn, denn auch unser Bildungssystem ist auf Funktionieren ausgelegt. Darüber hinaus machen diese Glaubenssätze im Erwachsenenalter jedoch Schwierigkeiten. Das Gefühl von Wertlosigkeit führt häufig zu Depressionen. Das Gefühl, immer funktionieren zu müssen, ist der erste Schritt hin zu einem Burn-out oder gar zu Erkrankungen wie Herzinfarkt und Schlaganfällen, da ein Achten auf die eigenen Bedürfnisse nicht im System verankert wurde.

Dies sind allein die Folgen im Krankheitssinne. Weitere Folgen sind mangelnder Selbstwert, oftmals gepaart mit einer Opferhaltung, nichts bewirken zu können. So gesehen sind wir alle mehr oder weniger gefangen im Betriebssystem der Kindheit. Wir merken es oft daran, dass wir Dinge tun, die wir als Kind verabscheut haben. Fast jeder hat sich schon mal dabei erwischt, wie er seinen eigenen Kindern genau die Sätze sagte, die man als Kind selber gehasst hat oder zumindest als nicht gerechtfertigt oder verletzend erlebt hat. Diese Handlungen oder auch dieser Sprachgebrauch überkommen uns quasi automatisch, besonders in Stresssituationen. In solchen greift unser System auf das etablierte Betriebssystem zurück. Die dort abgespeicherten Muster in unserem Unterbewusstsein gleichen einer achtspurigen Autobahn, von der man schwer herunterkommt, auf der man aber leicht die Spur wechseln kann von dem einen bekannten Muster hin zum nächsten.

Das heißt im Klartext: Wir legen in den ersten sechs Lebensjahren unserer Kinder den Grundstein für deren Belastbarkeit, aber auch für die erlebte Freude und Handlungsfähigkeit im Erwachsenenalter.

Welche Auswirkungen unzufriedene Menschen mit einer Opferhaltung auf unsere Gesellschaft haben, spiegelt sich nicht zuletzt in unseren Wahlergebnissen wider.

Nun leben wir in einem Zeitalter, in welchem sich unsere Umwelt und unsere Lebensbedingungen schneller verändern und weiterentwickeln als je zuvor. Die zukünftige Gesellschaft benötigt Menschen, die in der Lage sind, Probleme zu lösen, die es jetzt noch gar nicht gibt. Kreativität und vernetztes Denken wird gefragt sein wie nie zuvor. Schon jetzt ist dieser Trend klar zu erkennen. Zugehörigkeit auch in beruflichen Kontexten wird von immer größerer Bedeutung. Die meisten Menschen möchten nicht mehr einen Job erfüllen, sie möchten sich zugehörig fühlen, zu einer höheren Vision oder einer Ideologie – auch im Beruf. Wie sollen unsere Kinder diese Herausforderungen meistern, wenn ihr Betriebssystem auf Funktionieren-müssen und eigener gefühlter Wertlosigkeit beruht?

Nehmen wir nun noch den erlebten, nicht verarbeiteten emotionalen Stress hinzu, ergeben sich weitere Einschränkungen in der Entwicklung. Bruce Perry, ein amerikanischer Psychiater, erforscht vor allem die Auswirkungen von Traumaerfahrungen im frühen Kindesalter und die daraus resultierenden Folgen.[48] Er zeigt deutlich auf, dass bei einem mehrfach traumatisierten Kind innerhalb der ersten sechs Lebensjahre die neuronalen Vernetzungen im Gehirn nur zu einem Teil stattfinden. Dies bezieht sich sowohl auf den Hirnstamm und auf das limbische System als auch auf den präfrontalen Cortex. Unser Hirnstamm ist für basale Funktionen wie das Atmen zuständig und entwickelt sich beständig weiter. Darauf aufbauend entwickeln sich die anderen Fähigkeiten wie die Fähigkeit zur sozialen Interaktion, Emotionsregulation, aber auch die kognitiven Fähigkeiten. Das limbische System ist unter anderem unsere Emotionsregulationseinheit und für die Steuerung unserer Gefühle verantwortlich. Der präfrontale Cortex ist hingegen für Lernleistungen zuständig. Bruce Perry zeigt sehr deutlich, dass Traumatisierung in den ersten sechs Lebensjahren massive Einschränkungen der weiteren Entwicklung zur Folge hat. Das ist wie beim Mauern: Wenn ich in der ersten Reihe wichtige Steine weglasse, kann ich keine stabile Mauer bauen. Fehlen an den basalen Stellen wichtige Vernetzungen, wie zum Beispiel im Bindungsaufbau, und werden dann weitere „Bausteine" weggelassen durch mangelnden Bewegungsraum, hat dies weitreichende Auswirkungen auf die gesamte weitere Entwicklung unserer Kinder.

Teilleistungsstörungen wie eine Lese-Rechtschreib-Schwäche, die meistens in der Grundschulzeit diagnostiziert werden, sollten unter diesem Aspekt betrachtet werden. Weitere Folgen sind Schwierigkeiten in der Emotionsregulation oder überhaupt in der Wahrnehmung unterschiedlicher Gefühle. Auch eine niedrige Frustrationstoleranz oder Schwierigkeiten in der sozialen Interaktion gehören zu den Folgen von Traumatisierungen in den ersten sechs Lebensjahren. All diese Komponenten lassen sich einordnen als Entwicklungsstörung nach Frühtraumatisierung. Und hier ist nicht nur erlebte Gewalt relevant, wie schon deutlich gemacht wurde, sondern eben auch die ganz normalen Umstände, die wir unseren Kindern im Alltag zumuten.

Kinder mit diesen Schwierigkeiten ereilt dann zumeist eine ADHS-Diagnose, vielleicht noch nicht direkt, aber spätestens in der Grundschule. Diese Kinder haben einen ganz anderen Glaubenssatz in sich als den des Funktionierenmüssens, eher ein „Ich kann eh nichts richtig machen". Dabei zeigen auch sie mit ihrem Verhalten nur: „Hier ist etwas nicht in Ordnung." Daraus folgende Entwicklungsstörungen wie zum Beispiel eine Legasthenie werden sich natürlich auch auf das Erwachsenenleben auswirken. Die beruflichen Chancen sind bedeutend eingeschränkt, das Erleben von positiven Selbstwerterfahrungen ist deutlich seltener. Auch dies hat Folgen für die Möglichkeiten der Lebensgestaltung des erwachsenen Menschen.

Wir müssen uns fragen: Nach welchen Maßstäben werden Richtlinien für den Betrieb von Kindertagesstätten erlassen? Welche

Variablen außer der Wirtschaftlichkeit werden berücksichtigt bei der Betreuung unserer Kleinsten? Ist allen Beteiligten bewusst, wie elementar die ersten sechs Jahre für die Entwicklung unserer Kinder sind? Und vor allem welche Auswirkungen eine gestörte Entwicklung auf deren Zukunft und damit auf die Zukunft der gesamten Gesellschaft hat? Ist es letzten Endes gar gewollt, den Grundstein von Funktionierenmüssen und Wertlosigkeit in so vielen Menschen wie möglich zu etablieren? Dazu gehört die Frage, wie wir Gesellschaft betrachten und wer welche Rolle innerhalb unserer Gesellschaft einnehmen will und soll.

4

Grundschule und offene Ganztagsschulen

Im November des Jahres 2021 las ich eine Schlagzeile, die mich erfreute: „Frau Merkel investiert in Familien“. Als ich weiterlas, verflog meine Freude. Darunter hieß es: „Gesetzlicher Anspruch auf Ganztagsbetreuung für alle Grundschulkinder ab 2026“. Nach außen wird das kommuniziert als Hilfestellung für Familien. Aber ist es das wirklich? Für mich ist es ein weiterer Schritt in die komplette Verstaatlichung unserer Kinder. Der Staat entscheidet schon indirekt über die Geburt. Nach dem ersten Lebensjahr dürfen, können und sollen unsere Kinder in die Ganztagsbetreuung in die Kita, in den Kindergarten und jetzt bitte auch noch die gesamte Grundschulzeit. Aber wie erleben unsere Kinder die Grundschule? Dient sie in ihrer jetzigen Ausgestaltung der positiven Entwicklung unserer Kinder?

Vor einiger Zeit hatte ich ein Gespräch mit einer jungen Dame. Sie hatte das Glück, die ersten sechs Lebensjahre sehr unbeschwert erleben zu dürfen: Ihre Mutter zog nach der Geburt mit anderen Müttern in ein Haus in einem Wald, die Kinder wuchsen ungezwungen und frei auf und hatten gleichzeitig ein intensives Bindungsangebot von mehreren Erwachsenen. Sie selbst beschrieb sich in dieser Zeit als unbekümmert und frei. Im Teenageralter hatte sie dann mit Essstörungen zu kämpfen und sie berichtete, wie sie sich in sich verschloss, ausgelöst durch den Druck in der Schule und des Funktionierenmüssens. Es war kein Raum für sie innerhalb des Systems, und ihr Betriebssystem war nicht so programmiert, dass sie sich einfach anpassen konnte. Sie meistert heute ihr Leben und benötigt dennoch psychotherapeutische Unterstützung. Auch hier werden Folgen geheilt, die gar nicht auftreten müssten, wenn wir die Ursache verstehen. Und es werden Kosten produziert, welche die gesamte Gesellschaft trägt, da Psychotherapie von der gesetzlichen Krankenkasse gezahlt wird.

Grundschule und Nachmittagsbetreuungsplätze für alle

Viele inspirierende Grundschullehrer waren inzwischen in meinem Podcast. Berichtet wird mir immer das Gleiche: Da kommt eine Gruppe lernwilliger und wissbegieriger Kinder in die Schule. Sie haben Lust aufs Lernen. Sie kennen aus dem Kindergarten Regeln und Rituale wie einen Stuhlkreis und geregelte Mahlzeiten. Aber in ihrem kleinen Rahmen durften sie bis jetzt selbstbestimmt sein, in die Kuschelecke gehen oder eben auf den Bauteppich, malen oder basteln oder Bilderbücher betrachten. Die natürliche Lernfreude ist meistens noch nicht ganz gebrochen trotz des mangelnden Raumangebotes und des schlechten Betreuungsschlüssels im Kindergarten. Aber vom einen auf den anderen Tag hat Lernen auf einmal nichts Spielerisches mehr. Es gibt auch keine Selbstbestimmung mehr und kein Eingehen auf individuelles Tempo oder individuelle Bedürfnisse. Alle sitzen zur gleichen Zeit still und lernen zur gleichen Zeit den gleichen Stoff. Ab jetzt gilt es, einen Lehrplan zu erfüllen. So kann einem das Lernen schnell vergehen.

Natürlich ist das jetzt Schwarzmalerei und es gibt auch Schulen und Lehrkräfte, welche den Schulanfang ganz anders handhaben und versuchen, auf die Kinder einzugehen. Aber auch diese müssen den Lehrplan erfüllen und eine Empfehlung geben nach vier Jahren, welche weiterführende Schulform wohl geeignet ist. So kommen die Kinder an in der fortdauernden Realität des Funktionierenmüssens. Bei den einen wird der Glaubenssatz „Ich muss funktionieren" verfestigt, das Betriebssystem bestätigt. Bei anderen wird er vielleicht erst jetzt etabliert. Die Folgen sind jedoch die gleichen: Wir nehmen unseren Kindern jegliche Freude am eigenständigen Lernen und damit auch am eigenständigen Denken.

Ein Blick in die Klassenzimmer zeigt gnadenlos, was nicht funktioniert. Auffälliges Verhalten gehört immer mehr zur Tagesordnung. Aber auch dieses Verhalten hat Gründe, sie werden nur viel zu selten oder gar nicht gesehen. Lehrer sind nicht ausgebildet darin, Kinder als Persönlichkeit wahrzunehmen, zu fördern und zu begleiten – sie sollen Wissen vermitteln. So nimmt der Stress für unsere Kinder zu. Die einen reagieren mit Rückzug und erhalten später die Diagnose soziale Phobie, weil sie sich nicht mehr trauen, überhaupt etwas im Unterricht zu sagen; die anderen brechen aus, sitzen nicht still und werden zur ADHS-Diagnostik geschickt. Unsere Kinder müssen funktionieren.

Nach solch einem anstrengenden Schulalltag können viele Kinder nicht nach Hause gehen und laut Regierung brauchen sie es ab 2026 auch nicht mehr, dank gesetzlichen Anspruchs auf einen Betreuungsplatz. Die Rahmenbedingungen in der Nachmittagsbetreuung sind jedoch oftmals genauso schlecht wie die im Kindergarten. Die Konzepte von offenen Ganztagsschulen (Ogatas) klingen wundervoll: Da ist die Rede von Förderung und von Arbeitsgruppen und Freizeitangeboten. Die Qualität des Betreuungspersonals soll an die Bedarfe der Kinder angepasst sein. Lehrer sollen fester Bestandteil des Betreuungspersonals sein. Die Ganztagsbetreuung soll das Angebot übernehmen, das zu meinen Zeiten in Jugendtreffs stattfand. Der Unterschied war: Es war gänzlich losgelöst von Schule und ich bin freiwillig hingegangen zum Töpferkurs, weil es mir Freude bereitet hat – nicht, weil ich in der Nachmittagsbetreuung eben irgendetwas tun musste.

Auch in der Ganztagsbetreuung gibt es in der Realität einen Betreuungsschlüssel, der lediglich ein Aufpassen ermöglicht, jedoch keine Förderung. Nach dem Funktionierenmüssen in der Schule folgt ein weiteres Funktionierenmüssen. Mittagessen, Hausaufgabenbetreuung und dann? Pädagogische Fachkräfte übernehmen sowohl die Hausaufgabenbetreuung als auch die Begleitung beim Essen und der Angebote. Auch hier ist wenig Raum für die persönlichen Bedürfnisse der einzelnen Kinder. Solche, die sich nicht an die Regeln halten (können), dürfen irgendwann nicht mehr kommen. Hier wird dann argumentiert, dass die anderen Kinder ja auch einen Anspruch und ein Recht auf Freizeit und Begleitung haben: Wenn ein Kind den Rahmen sprengt, dann müssen ja die anderen leiden. Die Qualität der Ganztagsbetreuung stimmt an den wenigsten Schulen mit den Vorgaben überein. Die Bedingungen in der offenen Ganztagsschule (OGS) werden sehr oft nicht nur von Eltern kritisiert.[49]

Die Bedürfnisse unserer Kinder

Das eigentliche Wesen von Kindern ist Wissbegierde und der Wunsch zu lernen. Es ist für sie das Natürlichste der Welt. Die Art und Weise, wie bei uns Schule gelebt wird, erstickt jedoch jegliche Wissbegierde im Keim. Stattdessen werden unsere Kinder weiter im Funktionsmodus trainiert. Die psychischen Grundbedürfnisse werden nicht berücksichtigt. Grundschullehrkräfte bauen häufig noch Beziehungen zu unseren Kindern auf und sorgen so für die Grundlage für das Lernen. Aber die Bedürfnisse nach Lustgewinn und Selbstwerterhöhung haben, wenn überhaupt, nur einen sehr kleinen Raum in unserem Bildungssystem. Dabei wird auch vernachlässigt, dass Lernen nur in einem emotional stabilen Zustand möglich ist. Ist ein Mensch in einem aufgeregten Modus (Hyperarousal) oder einem lethargischen Modus (zum Beispiel bei Traurigkeit, Scham und dem Gefühl von Wertlosigkeit), ist ein Lernen so gut wie nicht möglich.

Die Hattie-Studie zeigt sehr eindrücklich, dass der Wirkfaktor für Lernen in der Lehrkraft, vielmehr noch in der Lehrer-Schüler-Beziehung begründet liegt.[50] Warum werden dann unsere Lehrkräfte nicht dahingehend auch ausgebildet und unterstützt? Warum zählt nur die Einhaltung von Lehrplänen und Erreichung von Noten? Und warum sind wir Eltern von Anfang an so erpicht auf Noten?

Nach einem anstrengenden Arbeitstag freuen wir Erwachsenen uns auf etwas Entspannung zu Hause. Für unsere Kinder ist Schule anstrengend, da sie gegen ihre natürlichen Bedürfnisse arbeitet. Es ist eine große Herausforderung und eine starke Leistung, von acht bis zwölf Uhr still zu sitzen und den Anforderungen von außen zu entsprechen, wenn es im Inneren so anders aussieht. Funktionieren bleibt auch hier das höchste Ideal. Da ist wenig Spielraum für Individualität und Bedürfnisse. Danach kommt die Hausaufgabenbetreuung in der OGS, idealerweise gibt es für die Kinder die Möglichkeit zu spielen. Aber was ist, wenn das emotionale Fass überläuft, der Bewegungsdrang nicht mehr zu stoppen ist, das Verhalten eskaliert? Auch die Pädagogen in der Betreuung sind dafür nicht ausgebildet. Da heißt es schnell: „Ihr Kind kann nicht mehr in die Betreuung kommen, es hält sich nicht an die Regeln." Auch hier heißt es: weiterfunktionieren, sonst werden Kinder aussortiert. Der Funktionsmodus wird weiter im kindlichen Betriebssystem etabliert. Und tatsächlich geht es auch zu Hause oft noch damit weiter: Wir freuen uns auf Entspannung, gestehen unseren Kindern jedoch oft diese nicht zu. Auch daheim wird oft weiter nach Noten, Hausaufgaben, Benehmen und vielem mehr gefragt, wird den Kindern weiter abverlangt, zu funktionieren.

Das verstaatlichte Kind

Spätestens jetzt werden viele Eltern mit der Frage nach einer ADHS-Diagnostik konfrontiert: „Ihr Kind steht dauernd auf. Es kann sich nicht konzentrieren. Es macht nicht mit. Lassen Sie das bitte abklären." Vielleicht bemüht sich das Kind aber gerade, zu lernen und sich zu konzentrieren. Um die ungewohnte, für es unnormale Art des Lernens bewältigen zu können, steht es auf, kaut am Stift, malt im Heft herum und macht andere Dinge. Vielleicht um es irgendwie zu schaffen, sich zu konzentrieren. Es gibt kein Verständnis dafür, dass es mehr Ursachen für solch ein Verhalten gibt als die Möglichkeit eines genetisch bedingten ADHS. Wie denn auch? Unsere Lehrkräfte werden in solchen Dingen nicht ausgebildet. Dank unserer Pharmaindustrie gibt es ja eine Lösung. Das Kind funktioniert nicht? Kein Problem, wir haben Medikamente entwickelt, die dem Kind helfen, zu funktionieren. Was nicht bekannt ist, ist, dass diese Medikamente auch bei nicht verarbeitetem emotionalem Stress ihre Wirksamkeit zeigen.

Das Problem daran ist, dass den Kindern nicht geholfen wird, diesen Stress zu verarbeiten und neue gute Erfahrungen zu machen. Damit wird die Problematik nur nach hinten verschoben, das Symptom wird unterdrückt und die Wahrscheinlichkeit, dass das erlebte Drama im Erwachsenenalter aufpoppt und Schwierigkeiten bereitet, ist immens groß. Vielmehr noch, diese Menschen lernen, abhängig zu sein, abhängig von anderen und von Medikamenten. Sie werden stigmatisiert im doppelten Sinn. Erst kommt ein „Du bist nicht richtig", indem ihr Verhalten als falsch und therapiebedürftig eingestuft wird. Mit der Gabe von Medikamenten wird ihnen dann signalisiert: „Die Lösung liegt außerhalb von dir. Du bist abhängig von anderen." So wird im Betriebssystem eine Opferhaltung etabliert, ein „Ich kann ja eh nichts tun". Dies zahlt ein auf das Gefühl der Wertlosigkeit. Wertlosigkeit ist jedoch weder im Kindes- noch im Erwachsenenalter ein Gefühl, welches das Beste im Menschen hervorbringt und ihn zum Guten motiviert. Wieso nehmen wir diese Stigmatisierung in

Kauf und schwächen damit unsere Gesellschaft? Ist die Pharmalobby so groß und mächtig? Oder ist es uns einfach nicht bewusst, welche Auswirkungen diese Vorgehensweise hat?

Was ist Familie noch wert?

Welches Bild haben wir von Familie und Kindern? Ist es ein Investment in die Familie, wenn es einen gesetzlichen Rechtsanspruch auf Betreuung aller Grundschulkinder am Nachmittag gibt? Mit Sicherheit wird dies viele Familien entlasten; Familien, in denen beide Elternteile arbeiten gehen müssen, um den Lebensunterhalt verdienen zu können. An dieser Stelle könnten wir einen Exkurs in Richtung Kinderarmut starten. Aber darum soll es hier jetzt nicht gehen. Es geht vielmehr darum, wie wir Familie überhaupt sehen. Als wie wertvoll betrachten wir selbst und auch unser Staat die Zeit mit unseren Kindern? Und auch als wie notwendig? Haben wir auf dem Schirm, was dieses dauernde „Betreutsein" mit unseren Kindern macht?

In meinen Augen wird der Wert der Familie degradiert auf das Beschaffen von Lebensunterhalt durch Arbeit. Und unsere Kinder werden degradiert aufs Funktionieren. Nach dem Funktionieren in der Schule kommt das Funktionieren in der Nachmittagsbetreuung, wer nicht mitmacht, wird aussortiert. Die Gründe für das Nichtmitmachen sind egal oder zumindest nicht bekannt, vermutlich wieder aus Gründen der Wirtschaftlichkeit. Fördernde Rahmenbedingungen und genug gut ausgebildete Pädagogen wären eine mögliche Lösung. Ein afrikanisches Sprichwort besagt: „Um ein Kind zu erziehen, braucht es ein ganzes Dorf." Es ist also grundsätzlich gut, Familien zu entlasten und die Betreuung von unseren Kindern in mehrere Hände zu geben – niemand verlangt, dass Familien als kleine Kokon-Einheit existieren sollen. Es müssen jedoch Rahmenbedingungen gegeben sein, die fördern und nicht einengen. Diese kosten Geld. Geld, welches augenscheinlich da ist. Oder etwa doch nicht?

Ich stelle mir die Frage: Was sind uns unsere Kinder wirklich wert? Andere Länder machen uns spielerisches, hirngerechtes Lernen vor. Was hält uns davon ab, uns gute Dinge abzugucken? Die gesamte Hirnforschung bestätigt, dass die Form des Lernens, die wir unseren Kindern zumuten, für ihre gesamte Entwicklung hinderlich ist. Warum halten wir dennoch daran fest? Auch Eltern sind schon ab der ersten Klasse erpicht auf Noten. Wovor haben sie Angst? Ist uns allen als Eltern, Lehrern und auch Politikern bewusst, wie wir das Betriebssystem unserer Kinder programmieren? Der größte Teil unserer Bevölkerung ist mit Sicherheit selbst gefangen in den Erlebnissen der eigenen Kindheit. Alles, was ich hier schreibe, gilt ebenso für uns Erwachsene, die wir ja dasselbe System durchlaufen haben, auch wenn die Dramatik durch die gezielte „Fremdunterbringung" in systemischer, verstaatlichter Betreuung immer mehr zunimmt.

Jeder Einzelne von uns sollte sich also selbst einmal sein Betriebssystem anschauen. Wie viel automatisches Verhalten steckt in jedem? Wie viel „Ich muss funktionieren", wie viel „Das ist halt so" und wie viel „Ich kann eh nichts tun" steckt in Ihnen? In meinen Augen ist es unsere Pflicht und unsere Aufgabe, unser eigenes Betriebssystem zu kennen und auf den neuesten Stand zu bringen, um unsere Kinder gut begleiten zu können. Bleibt die Frage, ob auch die Politiker, die das System schützen und die Verstaatlichung unserer Kinder weiter voranbringen, schlicht die Gefahr nicht erkennen oder ob all das am Ende sogar gewollt ist. Der Nutzen von funktionierenden Menschen, welche sich als Opfer sehen und sich nicht wertvoll und machtvoll genug fühlen, eigene Verantwortung zu übernehmen, scheint bei einem politischen System, welches sich in Krisenzeiten durchaus als wenig demokratisch zeigt, nicht unerheblich. Aber auch diese politische Debatte soll hier nicht geführt werden. Es geht darum, zu sehen und zu verstehen, wohin uns unser jetziger Kurs im Umgang mit unseren Kindern langfristig bringt. Nur so haben wir die Möglichkeit, eine gute Wahl im Hier und Jetzt zu treffen.

Denn eins ist sicher: Kinder, welche funktionieren müssen, werden zu Erwachsenen, die entweder funktionieren oder kollabieren. Eine zukünftige digitale Gesellschaft benötigt jedoch kreative, lösungsorientierte und mental starke Erwachsene.

5

Weiterführende Schule

PISA und Co lassen grüßen

Egal aus welchem Grund Jugendliche zu mir in die Praxis gekommen sind, es gab nicht ein Kind, welches keinen Stress in der Schule hatte. Druck von außen, selbst gemachter Leistungsdruck, Mobbing, Ausgrenzung, abwertende Worte von Schülern, aber auch von Lehrern, das Gefühl, ungerecht behandelt zu werden, Perspektivlosigkeit, Sinnlosigkeit. Zusammengefasst sind unsere Schulen keine Orte, an denen sich Kinder und Jugendliche wohlfühlen. Aber genau das brauchen wir zum Lernen: eine Lernumgebung, in der wir uns wohlfühlen.

Es gibt immer den einen oder vielleicht auch zwei oder drei Lehrer, die anders sind. Diese Lehrer haben einen Blick für die einzelnen Schüler und schaffen eine Atmosphäre des Vertrauens. Sie retten das eine oder andere Kind mit ihrem Anderssein vor der völligen Katastrophe. Die meisten von uns, die zurückblicken, erinnern sich an diesen einen Lehrer oder diese eine Lehrerin, von der oder dem sie sich verstanden und akzeptiert gefühlt haben, bei dem Lernen Spaß gemacht hat. Bei allen Menschen, mit denen ich spreche, hat die

Freude am Lernen immer mit dem Menschen zu tun, der etwas beibringt. Leider wird darauf jedoch nicht der Fokus gelegt. Bulimielernen wird die heutige Lernform auch genannt: Lernen in unseren Schulen besteht viel zu häufig daraus, Wissen in sich hineinzustopfen, es für eine Klassenarbeit auszukotzen und dann für immer zu vergessen. Nachhaltig oder effektiv ist das nicht – Spaß macht es noch viel weniger.

Die bildungspolitische Debatte begleitet uns schon eine Weile; ich könnte sie hier befeuern, aufzeigen, was alles nicht mehr zeitgemäß ist. Die Liste wäre lang und jeder einzelne Punkt mit sofortiger Wirkung änderungswürdig. Aber es geht erst im zweiten Schritt um Methoden oder organisatorische Fragen, wie zum Beispiel die Frage, ob Noten sinnvoll sind oder eine Gleitzeit für den Schulstart. Im ersten Schritt muss die Frage beantwortet werden: Was wollen wir unseren Kindern wirklich beibringen? Danach können wir uns darüber unterhalten, wie das am besten geht. So wie sich das jetzige Bildungssystem zeigt, kann ich mich des Eindrucks nicht erwehren, dass funktionierende Jasager mit einem gewissen Grundwissen das Ziel aller Bildung sind. Oder ist unser System einfach nur veraltet und wir haben die Kurve des Bildungswandels nicht „gekriegt"? Konzentrieren wir uns auf die völlig falschen Aspekte?

Die PISA-Studie hat zum Beispiel zum Ziel, Aussagen darüber zu treffen, wie gut unsere Jugendlichen auf eine erfolgreiche Teilhabe an der modernen Gesellschaft vorbereitet sind.[51] Was sagt nun der internationale Vergleich von den Kompetenzen 15-Jähriger in den Bereichen Naturwissenschaften, Mathematik und Lesen über eine erfolgreiche Teilhabe aus? Und welche Aussagen können damit über die Wirksamkeit von Bildungssystemen gemacht werden? Natürlich ist ohne die Fähigkeit des Schreibens eine gesellschaftliche Teilhabe kaum mehr möglich. Aber ist das in unserem Land das Problem? Nehmen unsere Kinder an dieser Studie teil, um drohendem Analphabetismus in unserem Land entgegenzuwirken? Wohl kaum. Für die erfolgreiche Teilhabe an einer modernen Gesellschaft braucht es weit mehr als Mathematik und die Kunst des Lesens und Schreibens. Es sind Fähigkeiten weit darüber hinaus gefragt. Und um die notwendigen Wissensinhalte aufzunehmen, benötigt es weitaus mehr als die stupide frontale Wissensvermittlung, welche dem natürlichen menschlichen Lernen komplett entgegensteht.

Was wir unseren Kindern jedoch durch all diese Überprüfungen vermitteln, ist: „Du musst im Vergleich standhalten", „Du musst funktionieren", „Deine individuellen Begabungen und Fähigkeiten sind nicht wichtig". Wir setzen unsere Kinder unter Stress und Druck. Ich habe für mein Abitur 15 Schulbesuchsjahre gebraucht. Unsere Kinder sollten es in zwölf Jahren schaffen. Hier wurde zum Glück schon erkannt, dass dies eine zu enorme Belastung ist und G12 wird wieder abgeschafft. Überall herrschen dennoch Leistungsdruck und das Streben nach Vergleichbarkeit. Wer dem nicht standhält, wird im Schulsystem nach unten durchgereicht, vom Gymnasium zur Realschule zur Hauptschule und in einigen Fällen bis hinunter zur Förderschule. Auch hier wird selten gefragt, warum das Potenzial nicht abgerufen werden kann. Wenn doch jedes Kind von sich aus wissbegierig und lernwillig ist, wieso zeigt sich dies nicht in unseren Schulen?

In einem Experiment wurde einmal allen Lehrern einer Schule gesagt, dass fünf bestimmte Kinder in ihrer Klasse hochbegabt seien. Diese Kinder zeigten bis zu diesem Zeitpunkt durchschnittliche Leistungen. Nach einem weiteren Schuljahr waren diese fünf Schüler jeweils die besten ihrer Klasse. Laut Intelligenztest waren diese Kinder keineswegs hochbegabt. Allein die Information an die Lehrer hatte dafür gesorgt, dass diese die Schüler anders wahrnahmen und somit auch anders beurteilten. Dass dieses Phänomen auch in die andere Richtung funktioniert, leuchtet ein: Kinder, welche den Stempel des „Zappelphilipps" haben, haben wenig Chancen, ihr wirkliches Potenzial zu zeigen oder mit ihren Fähigkeiten wahrgenommen zu werden. Es sei denn, wir verstehen, wie grundlegend unsere Sichtweise auf Kinder auch ihr Lernverhalten beeinflusst. Zu dieser Sichtweise gehört auch, die Wichtigkeit des Beziehungsangebotes zu verstehen.

Bindung geht vor Bildung

Bei dem Wunsch nach Vergleichbarkeit sei die Frage in den Raum gestellt, was uns dieser Vergleich bringt und welchen Preis wir dafür zahlen. Gehen wir noch mal zurück zu den Grundbedürfnissen: Unser Bedürfnis nach Bindung und Zugehörigkeit ist genauso dominant wie unser Bedürfnis nach Nahrung. Bekommen wir über einen längeren Zeitraum nichts oder zu wenig zu essen, dann schaltet unser System auf Überlebensmodus, Organe werden mit „Notstrom" versorgt und die ganze Aufmerksamkeit richtet sich auf Nahrungsbeschaffung. Wir sind auf Überleben gepolt. Ähnlich verhält es sich, wenn unser Bedürfnis nach Zugehörigkeit und Bindung nicht gestillt wird. Auch dann gibt es eine Art Notfallreaktion. Das ganze System ist auf der Suche nach dem nächsten Beziehungsangebot. Ohne die Befriedigung dieses Grundbedürfnisses ist Lernen kaum oder nur schwer möglich, es sind keine Kapazitäten dafür frei.

Es ist daher von größter Wichtigkeit, dass Lehrer nicht nur Wissensvermittler sind, sondern ein Beziehungsangebot kreieren, auf dessen Grundlage Lernen möglich ist. Die Hattie-Studie belegt dies. Der größte Wirkfaktor für Lernerfolg ist laut dieser Studie die Lehrkraft als empathischer Mensch. Solange wir nicht verstehen, dass unsere Kinder keine Automaten sind, in die wir Wissen hineinkippen können, bis das Ergebnis funktionierende Bürger sind, steht es schlecht um unsere Gesellschaft. Bildung ist nur in einem Beziehungsangebot umfassend möglich und kann aus jedem Bestleistungen hervorkitzeln. Wir alle kennen das: Da ist jemand, dem wir ein Stück weit vertrauen, und dieser Jemand traut uns etwas zu, was wir uns selber vielleicht nicht zutrauen. Durch dieses Zutrauen wird auf einmal das Unmögliche möglich und wir wachsen über uns hinaus und schaffen Dinge, die wir selbst nicht für möglich gehalten hätten. Unseren Kindern geht es genauso. Und gerade diese Beziehungsangebote fehlen im Schulalltag häufig, kaum eine Lehrkraft, die den Zwängen unterliegt, den Lehrplan zu schaffen, kann dies leisten.

Gerade im Rahmen der Pubertät muss die Wichtigkeit der Beziehungsebene im Lernprozess berücksichtigt werden. Zu den wichtigen Entwicklungsschritten in der Pubertät gehört das Erlernen der Fähigkeit, sich eine eigene Meinung zu bilden. Es findet ein neurobiologischer Umbauprozess im Gehirn statt. Dinge, die schon erlernt waren, auch im Bereich des Sozialverhaltens, geraten noch mal auf den Prüfstand. Es geht darum, das eigene Ich zu definieren: Wer bin ich, was will ich, was will ich nicht? Auf jeden Fall will ich in dieser Zeit nicht das, was die Erwachsenen, egal ob Eltern oder Lehrer, mir sagen. Diese Phase ist wichtig und notwendig zur Aktivierung einer gesunden Ich-Struktur. Die Grundlage, dass diese Phase gut gelingen kann, ist ein verlässliches Beziehungsangebot und eine Kommunikation auf Augenhöhe. Der Teenager will und muss in seinem Selbstfindungsprozess ernst und wahrgenommen werden.

Genau in dieser Zeit kommen auf unsere Teens die Abschlussprüfungen zu. Das heißt, ihr Schulalltag ist hier einmal mehr geprägt von Funktionierenmüssen. Der sowieso schon vorhandene Druck wird weiter erhöht. Oftmals ist dies die Phase, in der Kräfte gemessen werden: Die Jugendlichen wollen ihr neues Ich präsentieren, zeigen, dass sie etwas auf dem Kasten und eine eigene Meinung haben. Lehrer sehen dadurch manches Mal ihre Position oder ihren Unterricht gefährdet und dulden nur ihre Meinung, zum Beispiel in Erörterungen im Deutschunterricht. Damit beschneiden wir eine der weiteren wichtigen Entwicklungsphasen, die notwendig ist, um unsere Teenager zu selbstständigen, gesunden und erwachsenen

Persönlichkeiten heranwachsen zu lassen. Zum wiederholten Mal bekommen sie das Signal: Du hast zu funktionieren.

Hinzu kommt, dass in dieser Phase das menschliche Gehirn besonders vulnerabel ist. Nehmen wir nun den Leistungsdruck hinzu und die Erwartungen, die wir an unsere Jugendlichen in dieser Zeit haben, sind weitere Verletzungen der Seele programmiert. Auf jeden Fall bedarf es mehr Anstrengung, um einen gesunden Selbstwert und eine gesunde Ich-Identität zu entwickeln. Betrachtet man die Perspektivlosigkeit hin bis zur Angst vor der Zukunft unserer Jugendlichen, welche sie immer mehr äußern, dann wäre es an der Zeit, sie in dieser so wichtigen Phase weitaus mehr zu unterstützen. Stattdessen geben wir alles, damit sie noch besser funktionieren. Eltern sehen den Schulabschluss in Gefahr und sorgen sich um die berufliche Zukunft ihrer Sprösslinge. Sie unterstützen und füttern den Leistungsdruck mit ihrer Angst, dass ihre Kinder es zu nichts bringen werden. Lehrer versuchen, einen vollgestopften Lehrplan zu erfüllen und Wissen in Gefäße zu gießen, die dafür nicht bereit sind.

Inklusion ist ein weiteres heikles Thema. Der Inklusionsgedanke ist grundsätzlich gut, gemeinsames Lernen für Kinder mit und ohne Beeinträchtigung zur Stärkung der sozialen Teilhabe ist sinnvoll und richtig. Aber was heißt das konkret und wie wird es umgesetzt? Als ich zur Schule gegangen bin, hatten wir ganz selbstverständlich zwei Schüler, die an einen Rollstuhl gebunden waren. Wir haben Inklusion gelebt – zumindest mit Kindern mit körperlicher Beeinträchtigung. Heute geht es jedoch um Kinder mit Beeinträchtigungen beim Lernen oder in der emotionalen und sozialen Entwicklung.

Nehmen wir die Kinder, die aufgrund ihres Verhaltens den Stempel ADHS bekommen haben. Sie fallen unter den Aspekt Förderung der emotionalen und sozialen Entwicklung. Diese Kinder stecken voller Ideen, was man in der Schule alles machen kann – außer dem Unterricht zu folgen. In den seltensten Fällen wurden und werden entsprechende Rahmenbedingungen für eine gute Inklusionsarbeit geschaffen. Diese erfordert genug räumliche wie personelle Ressourcen und auch die entsprechende Ausbildung. Weitverbreitet sind jedoch sogenannte Time-out-Räume, reizarme Räume, in denen Jugendliche mit akuter Tendenz zur Selbst- oder Fremdgefährdung aufgrund der damit einhergehenden Distanz zur Außenwelt zur Ruhe finden sollen. Sofern ein solcher Raum in einer Einrichtung der Kinder- und Jugendhilfe als beständig offener Rückzugsort auf freiwilliger Basis vorgehalten wird, ist seine Nutzung unproblematisch. Die Realität sieht jedoch anders aus: Störenfriede, also oftmals solche Kinder mit dem Förderbedarf, werden in solche Räume gesetzt, damit der Unterricht ungestört weitergehen kann. Dabei unterliegen Time-out-Räume inzwischen sogar einer richterlichen Genehmigungspflicht.[52] Eine Methode für den Schutz Einzelner wird so missbraucht für die Aussortierung der Störenfriede.

Wie soll mit solchen Rahmenbedingungen Inklusion gelebt, wie sollen so Kinder wirklich gefördert werden? Nimmt man den Aspekt der frühen Traumatisierungen durch Geburt und Massenhaltung im Kindergarten hinzu, ist es fast Ironie, dass keiner hinschaut und versteht, was hier passiert. Wir degradieren unsere Kinder von Geburt an zu Objekten wirtschaftlicher und eigener egoistischer Entscheidungen. Die Auswirkungen sind deutlich in ihrem Verhalten zu sehen. Aber anstatt an der Wurzel etwas zu ändern, wird an den Symptomen herumgedoktert mit immer fataleren Auswirkungen. Mich erinnert dies sehr an ein Buch über Massentierhaltung, welches ich einmal gelesen habe. Dort wurde beschrieben, wie sich Hühner aus lauter Stress in ihren viel zu engen Käfigen ohne Auslauf, in mehreren Etagen übereinander hockend, mit ihren Schnäbeln gegenseitig Wunden zufügten. Anstatt den Stress zu sehen und etwas an der Haltungsform zu ändern, wurden ihnen die Schnäbel gestutzt.

Sieht man Hühner als Gegenstände ohne Seele, mag das ein adäquates Vorgehen sein. Auch wenn viele Menschen Tieren das Seelendasein absprechen, hoffe ich doch sehr, dass wir unseren Kindern dies nicht absprechen. Wenn wir aber mit unseren Kindern in letzter Konsequenz umgehen wie mit unseren Tieren, wo soll das hinführen? Wie sollen diese beschnittenen Seelen die zukünftige Gesellschaft sinnvoll gestalten? Welches Bild vom Menschen tragen wir in uns?

Unsere Forschung ist inzwischen schon so viel weiter. Es gibt Studien, die all diese Zusammenhänge belegen, und dennoch findet nichts davon Einzug in unsere Bildungslandschaft. Warum werden die Ergebnisse von Lernforschung und auch Traumaforschung nicht in den Schulen implementiert? Was hält uns davon ab, unsere Kinder bestmöglich auf die Zukunft vorzubereiten? Ist dies Unachtsamkeit aus Unwissenheit entstanden oder ist es schlicht gewollt? Oder ist unser politisches System inzwischen viel zu träge und kompliziert geworden, um Veränderung anzustoßen? Andererseits: Braucht es die Implementierung von oben? Oder können nicht auch Schulen und Lehrkräfte es einfach anders machen?

In diesem Zusammenhang darf ein Blick auf die Ausbildung unserer Lehrkräfte nicht fehlen. Ich bin überzeugt, die allermeisten Lehrer geben ihr Bestes – vor allem in diesen verrückten Zeiten. Dennoch gibt es ein paar Punkte, die kritisch betrachtet werden müssen. Ich selbst habe mein Lehramtsstudium nach drei Semestern aufgegeben. Ich wollte kein „Fachidiot“ werden. Mir fehlten in dieser Ausbildung die Inhalte in Bezug auf die Kinder und Jugendlichen: Wie ticken sie, wie gehe ich mit ihnen um, was muss ich wissen und berücksichtigen? Zum Glück wurde inzwischen hier einiges geändert: So werden frischgebackene Lehrer nicht erst nach dem Studium im Referendariat auf die Kinder losgelassen, Praktika wurden viel früher im Curriculum der Studiengänge integriert. Dennoch fehlen in allen pädagogischen Ausbildungen, egal ob zum Erzieher oder zum Sozialpädagogen oder zum Lehrer, wichtige theoretische wie praktische Grundlagen.

Für mich ist es unabdingbar, dass alle Menschen, die irgendwie mit Kindern arbeiten, auch etwas über Kinder wissen. Darüber, wie sie ticken, warum sie reagieren, wie sie es tun. Dieses Wissen reicht von der Entwicklungspsychologie hin bis zum Wissen, was emotional nicht verarbeiteter Stress mit Kindern macht. Auch die neuesten hirngerechten Lernmethoden gehören für mich in das Studium sowie in jegliche Ausbildung im Bereich von Pädagogik. Wenn in den Ausbildungen die Theorie von Fächern, also zum Beispiel Mathematik, im Vordergrund steht, dann werden die Absolventen Unterricht gestalten, wie sie ihn selbst erlebt haben. Dies ist in unserem menschlichen Sein so angelegt – wir tun das, was uns bekannt und vertraut ist. Neues benötigt eine bewusste Auseinandersetzung mit dem Neuen.

Neben dem Wissen ist jedoch die Haltung sich selbst und den Kindern gegenüber noch viel wichtiger. Es ist notwendig, dass die angehenden Pädagogen sich selbst und auch ihre „inneren Baustellen" kennen. Angehende Therapeuten müssen zum Beispiel eine gewisse Anzahl an Selbsterfahrungsstunden ableisten, um sich selbst und auch sich in der Wechselwirkung mit dem Gegenüber genau zu kennen. Wenn nun der höchste Wirkfaktor für gutes Lernen die Lehrerpersönlichkeit ist, wieso wird dann so wenig Wert auf persönlichkeitsbildende Anteile gelegt. Es gibt einen Wirkmechanismus von Übertragung und Gegenübertragung zwischen Lehrkräften und Schülern. Ein bewusster Umgang mit diesem Phänomen trägt maßgeblich zur Entspannung im Miteinander bei. Verbeamtung dient der Sicherheit, was in unsicheren Zeiten wie diesen nicht zu unterschätzen ist. Dennoch sei hier die Frage erlaubt, ob dies einen falschen Motivationsanreiz setzt. Aus welchem Grund lassen sich Menschen zu Lehrern ausbilden? In meinem Studium lag bei den wenigsten der explizite Wunsch vor, mit Kindern zu arbeiten, auch wenn ich das hier keiner Lehrkraft unterstellen will. Gründe für die Wahl des Studiums waren damals oft die Arbeitszeiten, der Gedanke der Verbeamtung, aber auch schlicht der Wunsch, das eigene Interesse und Wissen an einem speziellen Fach zu vertiefen. Ich kenne so viele hoch motivierte und inspirierende Lehrkräfte. Sie haben alle eins gemein: eine kindzentrierte Haltung und Einsicht in sich selbst, ihre eigenen Bedürfnisse, Wünsche, aber auch Baustellen. Auch das sehe ich als elementar an für eine gute Begleitung unserer Kinder: sich selbst gut zu kennen. Denn wenn ich mich selbst nicht verstehe, wie soll ich dann Kinder und deren Verhalten verstehen? Empathie, Mitgefühl und das Wissen um die Wichtigkeit der psychischen Grundbedürfnisse müssen stärker in unseren pädagogischen Alltag, aber auch in unser gesellschaftliches Miteinander einfließen.

Blickwechsel bitte

Die Folgen der Art und Weise, wie wir unsere Kinder ins Leben begleiten und Wissen vermitteln, bekommen Betriebe zu spüren. Überall jammern Betriebe über „inkompetente" Auszubildende. Fachkräftemangel heißt es überall in Deutschland. Woher sollen die Fachkräfte kommen, wenn wir nicht selbst dafür sorgen, dass unsere Jugendlichen gestärkt und mit Fähigkeiten und Kompetenzen im Gepäck ihre Schullaufbahn beenden? Kaum ein Jugendlicher weiß um seine Fähigkeiten und Talente, dies zeigt sich auch bei den Studierenden. Und einige wichtige Kompetenzen fehlen, auch bei Studierenden: Auf einem Kongress für Lehrer, bei dem ich einen Vortrag hielt, berichtete eine Lehramtsprofessorin geschockt von der mangelnden Fähigkeit des vernetzten Denkens bei einem Großteil der Studierenden. Arbeitsaufträge würden stumpf abgearbeitet, auch wenn sie sinnlos schienen. Es würde kaum etwas hinterfragt, Diskussionen fänden so gut wie gar nicht statt.

In Betrieben höre ich Ähnliches und ich erfahre es auch selbst, denn ich bilde seit 2021 aus. Meinen beiden Auszubildenden musste ich das eigenständige Arbeiten, übergreifendes Denken und Mitdenken erst beibringen. Ich war schockiert, dass sie zu Beginn für quasi jeden Handschlag einen eigenen Arbeitsauftrag benötigten. Das

Denken über einen Arbeitsschritt hinaus und auf ein Ziel hin, das eigenständige Gehen mehrerer Schritte bedurfte der Schulung, Unterstützung und brauchte viel Vertrauen in die Auszubildenden, dass dieses Potenzial in ihnen schlummert. Dies trifft auf Absolventen aller Schulformen zu. Da eigenständiges Denken innerhalb unseres Bildungssystems nicht nur nicht gefördert, sondern noch nicht einmal gewünscht ist, ist es eine Fähigkeit, die die wenigsten Schulabgänger beherrschen. Dabei sind genau das die Fähigkeiten, welche in einer sich immer schneller verändernden Gesellschaft gebraucht werden. Die Zeit der Fabrikarbeiter am Fließband ist vorbei, deren Jobs übernehmen schon längst Maschinen. Es braucht Problemlöser für Probleme, die noch gar nicht da sind.

Ein anderer Faktor ist die Stressresilienz. Durch zu viele negative Erfahrungen, vielleicht angefangen bei der Geburt über familiären Stress bis hin zu Bildungsstress, sind unsere jungen Menschen oftmals bis zum Überlaufen voll mit Stress. Sie sind wie ein voller Wassereimer, der durch einen weiteren Tropfen zum Überlaufen gebracht wird. So kann auch das innere Fass überlaufen. Kommt zu dem über die Jahre erlebten Stress ein weiterer Faktor hinzu, kollabiert möglicherweise das menschliche System. Dies zeigt sich in Burn-out, Depressionen, Ängsten, Zwängen oder schlicht in einer sehr geringen Frustrationstoleranz. Eine Kollegin mit einer Zulassung für Erwachsene berichtet mir Folgendes: „Ein Drittel meiner Patienten kommt mit mangelnder Stressresilienz. Sie sagen so etwas wie: ‚Mein Chef hat mich böse angeguckt. Ich kann dort nicht mehr arbeiten. Ich werde diskriminiert.‘ Ein weiteres Drittel kommt mit der Absicht, frühberentet zu werden: ‚Bitte bescheinigen Sie mir, dass ich aus psychischen Gründen nicht mehr arbeiten kann.‘ Das letzte Drittel kommt mit einem wirklich hohen Leidensdruck durch Panikstörungen, posttraumatische Belastungsstörungen und Depressionen.“ Wenn sich heute schon Erwachsene als Opfer fühlen, nicht stark und selbstbewusst, um ein bisschen Gegenwind zu meistern, wie sollen das unsere zukünftigen Erwachsenen schaffen? Sie sind unsere heutigen Kinder und Jugendlichen. Sie lernen, zu funktionieren. In der neuen Gesellschaft braucht es jedoch viel mehr. Sie werden also vor Herausforderungen gestellt, welche sie nicht bewältigen können. Weitere Burn-out- und Depressionsdiagnosen sind damit programmiert.

Es gilt, einen Blickwechsel zu vollziehen, weg von PISA-Studien und Vergleichbarkeit hin zu Individualität und bedürfnisorientiertem Begleiten. Wir müssen uns die Frage stellen: „Was benötigen unsere Kinder heute, damit sie starke und selbstbewusste Erwachsene werden?" Erwachsene, die stressresilient sind, kreative Lösungen für immer größere Herausforderungen finden und denen Menschlichkeit nicht abhandengekommen ist.

6

Die Pandemie

Die Pandemie hat uns alle hart und unvorbereitet getroffen, unsere Gesellschaft hat sich verändert. Jeder spürt die Auswirkungen auf die eine oder andere Art und Weise, alle sind damit beschäftigt, selbst irgendwie klarzukommen. Eins dürfen wir jedoch nicht aus dem Blick verlieren: Die Pandemie wurde und wird immer noch auf dem Rücken unserer Kinder ausgetragen. Bei allen Entscheidungen, die getroffen wurden, wurde auf das Infektionsgeschehen geschaut. Erst hieß es, wir müssten unsere Alten schützen. Später wurden Kinder laut Medien zu Superspreadern. Bei keiner der Entscheidungen über Schulschließungen, Maskenpflicht und Testpflicht wurde in den Vordergrund gestellt, wie sich diese Bestimmungen auf die seelische Gesundheit unserer Kinder auswirken. Hier gilt es in meinen Augen, kleinere gegen größere Übel abzuwägen. Es geht um Verhältnismäßigkeit. Als ich dieses Buch verfasste, trat zum Beispiel die 2G-Regel in Bayern in Kraft für alle Menschen ab einem Alter von zwölf Jahren. Die Impfempfehlung ab dem Alter von zwölf Jahren gab es jedoch noch nicht sehr lange, sodass die wenigsten 12- bis 15-Jährigen geimpft waren. Dies bedeutete, dass alle ungeimpften 12- bis 15-Jährigen nicht mehr zum Sport gehen oder ihren anderen Freizeitbeschäftigungen nachgehen durften. Zum Glück gab es hier einen Aufschrei in der Bevölkerung und es wurde eine Übergangsregelung für Teenager eingeführt. Allein die politischen Fehlentscheidungen in den Pandemiejahren im Hinblick auf die seelische Gesundheit unserer Kinder würden Bücher füllen. Diese Entscheidungen zeigen deutlich, welchen Stellenwert unsere Kinder in unserer Gesellschaft haben.

Das Spiel mit der seelischen Gesundheit unserer Kinder

Politiker, Kinderhilfswerk, Prominente, Studien weisen darauf hin, dass die Schäden der Maßnahmen für unsere Kinder nicht abzusehen sind, dass endlich der Blick, die Prioritätensetzung geändert werden muss. Aber was ist wirklich schiefgelaufen? In der Zeitung lese ich Sätze wie „Kinder tragen ihre Maske mit Stolz" im Zusammenhang mit der politischen Debatte darüber, ob die Maskenpflicht an Schulen beendet werden soll. Es wurde und wird genau auf zwei Dinge der Fokus gelegt: auf die physische Gesundheit, sprich das Infektionsgeschehen, und auf die Digitalisierung. Durchaus wichtige und relevante Dinge, doch der wichtigste Punkt wurde nicht berücksichtigt: die seelische Gesundheit unserer Kinder.

Wie wurde die Digitalisierung umgesetzt? An manchen Schulen einfach großartig, wie zum Beispiel an der Grundschule am Dichterviertel in Mülheim an der Ruhr, die für ihr Konzept sogar den Deutschen Schulpreis verliehen bekommen hat. Was wurde dort anders gemacht als an anderen Schulen? Als der erste Lockdown kam, hielten die Lehrer die erste Woche lediglich Kontakt zu den Schülern, es wurde kein Unterrichtsstoff vermittelt. In dieser Woche lernten die Lehrer selbst: Wie geht eigentlich digitaler Unterricht und wie können wir das, was uns an der Schule schon immer wichtig war, auch digital umsetzen, nämlich eine gute Beziehung zu den Schülern? Diese Schule weiß, dass Bindung vor Bildung geht, und setzt diesen

Gedanken im schulischen Alltag um, analog wie digital. So haben alle Lehrer darauf geachtet, dass alle Schüler mit Bild und Ton am digitalen Unterricht teilnehmen. Die Klassen haben zusammen virtuell Ausflüge in Zoos und fremde Länder über Webcams unternommen und es gab Zeiten für den persönlichen Austausch.

An den meisten Schulen sah es aber ganz anders aus. Ich habe die ganze Spannbreite mitbekommen: von der Verweigerung der Digitalisierung vonseiten der Lehrkräfte und dem Arbeiten mit ausgedruckten Zetteln bis zu schwarzen Bildschirmen. Es gibt Lehrer, die nicht wollen, dass die Schüler ihr privates Umfeld sehen, und deswegen den Bildschirm schwarz lassen, ungeachtet der Möglichkeit, einen digitalen Hintergrund zu wählen. Dementsprechend haben natürlich auch alle Kinder keine Videoübertragung zugelassen. Das heißt, für die Schüler gab es keine soziale Interaktion, keinen Eindruck von der Stimmung der anderen Personen im Online-Raum, keine Gesichter, nur Leere. Ein Schulhörspiel mit der ständig drohenden Gefahr, aktiver Teil dieses Hörspiels werden zu müssen, ganz unvorbereitet drangenommen zu werden, ohne selbst Einfluss darauf nehmen zu können. Andere Lehrer verweigern sich wie gesagt komplett und schicken per E-Mail oder gar per Post Arbeitszettel an die Kinder – persönlicher Kontakt findet überhaupt nicht statt, die Kinder befinden sich wie im Vakuum.

Keines unserer psychischen Grundbedürfnisse wird in solch einer Form von Unterricht erfüllt. Die Folge ist eine exorbitante Zunahme von Angststörungen und Depressionen, teilweise bis zu 236 Prozent mehr Inanspruchnahme von Psychotherapie.[53] Eine aktuelle Studie der DAK gibt an, dass die Lebenszufriedenheit der Schüler im letzten Jahr um 21 Prozent gesunken ist.[54] Gleichzeitig haben emotionale Probleme stark zugenommen. 80 Prozent aller Jugendlichen haben inzwischen laut Zukunftsforscher Tristan Horx Angst vor der Zukunft. In seinem Buch „Unsere Fucking Zukunft“[55] beschreibt er eindrücklich die mangelnde Zukunftsperspektive unserer Kinder. Wie sollen junge Menschen mit Angst vor der Zukunft und eigenen emotionalen Problemen bis hin zu psychischen Störungen die Zukunft von morgen rocken?

Neben den psychischen Auffälligkeiten sind Lernrückstände die Folge der verfehlten Pandemiepolitik, welche kaum aufzuholen sind. Die Pandemie hat hier abrupt ans Tageslicht gebracht, was vorher schon stark veränderungsbedürftig war: die Art und Weise, wie Lernstoff vermittelt wird. Alles, was gut läuft, ist der Eigeninitiative sehr engagierter Lehrkräfte zu verdanken. In meinem Lehramtsstudium kamen seinerzeit kaum pädagogische Inhalte vor, geschweige denn entwicklungspsychologisches Grundwissen, tiefer gehende Didaktik, Gesprächsführung oder Informationen darüber, wann und wie Lernen überhaupt möglich ist. Das Studium bestand zu 90 Prozent in der Vermittlung von Fachwissen. Dieses fehlende Wissen der Lehrkräfte wirkt sich in der Pandemie verheerend aus, denn es reicht nicht aus, schlechten analogen Unterricht einfach in einen digitalen Meetingraum zu übertragen, genauso wenig wie es ausreicht, einfach jede Schule mit Tablets und WLAN auszustatten. Es braucht gute pädagogische und didaktische Konzepte für das Online-Lernen und noch viel mehr als im analogen Unterricht muss der Beziehungsaufbau Priorität haben. Und dieser geht auch wunderbar digital. Andere Länder machen es mit Innovationen vor und auch einige Schulen wie die Grundschule in Mülheim. Stimmen jedoch das Konzept und der Schwerpunkt im analogen Unterricht nicht, wie sollten sie dann im digitalen Unterricht stimmen? Wenn es immer nur um Noten, Lernstandserhebungen und Vergleichbarkeit, aber nie um die jungen Menschen an sich mit all ihren Fähigkeiten, aber auch Bedürfnissen geht? Lernen, wie es in unserem Land praktiziert wird, egal ob digital oder analog, führt nicht dazu, dass sich unsere Kinder zu gesunden und selbstbewussten Erwachsenen entwickeln.

Richtig in die Hose gegangen ist auch der Fokus auf die physische Gesundheit ohne Berücksichtigung der psychischen Gesundheit. In allen Richtlinien und Maßstäben ging und geht es nur darum, das

Infektionsgeschehen einzudämmen. Das ist wichtig und richtig. Dennoch darf dabei die Seele unserer Kinder nicht unberücksichtigt bleiben. Es geht um Angst, die meiner Meinung nach gezielt und gewollt auch von unserer Regierung verbreitet wurde. Lehrkräfte wurden hier oftmals instrumentalisiert. Werbung, in der Sätze zu finden sind wie „Ich verzeihe mir nie, dass ich jemanden mit Corona infiziert habe", verfehlt ihre Wirkung nicht, die Ansteckung wurde zur größten Gefahr. Diese Angst wurde weitergegeben, vielleicht nicht bewusst, aber dennoch mit großer Wirkung. Unsere Kinder sind inzwischen selbst voller Angst. Wie soll ein Kind auf Aussagen von Lehrkräften reagieren wie „Setz sofort die Maske auf oder willst du schuld sein, dass die Oma deines Klassenkameraden stirbt?"? Leider waren solche Aussagen viel zu oft zu hören – neben vielen anderen, die Kinder unter Druck setzen und Angst verbreiten.

Bei vielen Punkten geht es nicht primär um das Was. Hygienemaßnahmen sind unumstritten notwendig. Es geht um das Wie. Ich kann Dinge mit Druck und Angst durchsetzen oder mit Leichtigkeit und Freude. Maßnahmen, die jedoch nicht einmal Lehrkräfte verstehen, Maßnahmen, die fast wöchentlich geändert wurden, sorgen für eine starke Verunsicherung von Erwachsenen und somit auch von Kindern. Die Folge davon sind Angst und Zwangsstörungen. Unsere Kinder fühlen sich nicht gesehen, verwirrt und schon lange nicht mehr ernst genommen.

Ganz besonders hart hat es unsere Jugendlichen in der Pubertät getroffen. In der Pubertät grenzen Jugendliche sich von den Erwachsenen ab, sie bilden sich ihre eigene Meinung und lernen, dazu zu stehen. Es geht um eine klare Abgrenzung von allem Bestehenden, auch um Rebellion, um das Ausbrechen. In Therapiestunden habe ich es entnervten Eltern schon salopp so vermittelt: „Die Aufgabe Ihres Sprösslings innerhalb der Pubertät ist es, Ihnen einen großen Haufen auf den Tisch zu scheißen. Und Ihre Aufgabe ist es, Ihr Kind loszulassen und ihm zu vertrauen."

Mein Sohn wurde zwei Wochen nach dem ersten Lockdown 18 Jahre alt. Wir haben viele Diskussionen geführt, er hat völlig zu Recht gesagt: „Ich lasse mir von niemanden vorschreiben, wie ich meinen Geburtstag feiere oder wann ich wie lange mit wem rausgehe." Entwicklungspsychologisch ist das völlig richtig und wertvoll. Aber er und alle anderen Jugendlichen durften sich in dieser wichtigen Entwicklungsphase nicht ausleben. Er musste sein Wohl hinter die physische Gesundheit von vielen stellen.

Grundsätzlich ist dies auch nicht das Problem. Ein Problem wird es dann, wenn diese Phase nicht nachgeholt werden kann. Die Pandemie dauert an und einer ganzen Generation von Teenagern wird möglicherweise dieser Entwicklungsschritt nicht zugestanden. Vielmehr noch, die Notwendigkeit wird gar nicht gesehen. Ein Problem wird es auch dann, wenn es mit Druck und Zwang geschieht und nicht mit dem Einverständnis, es gern für andere zu tun. Aber wie sollen unsere jungen Menschen lernen, gern etwas für andere zu tun und deren Bedürfnisse zu achten, wenn auf ihre eigenen Bedürfnisse nie Rücksicht genommen wurde? Vom Kindergarten bis zum Ende der Schulzeit wird ihnen das Signal gesendet: „Deine Bedürfnisse sind nicht wichtig. Du bist nicht wichtig." Wie soll so Empathie oder Loyalität entstehen? Missachtung der Regeln mit unerlaubten Feiern ist da noch die kleinste Auswirkung. Wie sollen diese jungen Erwachsenen ihre Position in unserer Gesellschaft finden, wenn sie sich ausgegrenzt und nicht beachtet fühlen?

Ein Schrecken ohne Ende

Leider haben die Aufschreie von einzelnen Politikern, vom Kinderhilfswerk, prominenten Persönlichkeiten und unzähligen Lehrern wie Eltern bis jetzt nichts bewirkt. Es gibt nach wie vor keine Konzepte für unsere Kinder. Während ich diese Zeilen schreibe, rollt die vierte Coronawelle relativ ungebremst durch unser Land. Es wird über 2G und 2G+ diskutiert. Es gibt bereits eine indirekte Impfpflicht. Immer mehr Schulen müssen teilweise den Betrieb aufgeben wegen des quarantänebedingten Wegfalls von Lehrern und auch Schülern, die zu Hause bleiben müssen. Auch wenn es keinen offiziellen Lockdown mehr geben soll, wissen die meisten Schulen, dass sie wieder in den Wechselunterricht gehen werden müssen, um dem Geschehen entgegenzuwirken oder einfach nur, um überhaupt noch Unterricht gewährleisten zu können. Der Präsident des Deutschen Lehrerverbandes, Heinz-Peter Meidinger, spricht von einem Kontrollverlust und dass die Maßnahmen nicht ausreichen, um einen weiteren Lockdown in Schulen zu verhindern.[56] Die Maskenpflicht an Schulen wurde nur einen Monat nach ihrer Abschaffung wieder eingeführt. Überall heißt es, die Schulen mögen sich nun doch wieder auf Distanzunterricht vorbereiten – leider weiterhin ohne durchdachte Konzepte. Kaum jemand fragt, wie es unseren Schülern geht, was sie brauchen, um lernen oder gar sich gut entwickeln zu können. Die Digitalisierung unserer Schulen ist im bürokratischen Antragsverfahren erstickt. Das heißt, es gibt weiterhin keine Basis für einen wertvollen digitalen Unterricht. In den Schulen, in denen guter digitaler Unterricht möglich ist, ist dies allein dem Engagement einzelner Lehrer zu verdanken.

In der Pandemie wird keins der elementaren psychischen Grundbedürfnisse unserer Kinder mehr erfüllt. Das Bedürfnis nach Bindung und Zugehörigkeit wird im Keim erstickt durch *Social Distancing* und all die anderen Maßnahmen zur Pandemieabwehr. Eine Maske, die das Gesicht derart verhüllt, dass Emotionen für Kinder schwer ablesbar sind, erhöht die Unsicherheit. Gerade kleine Kinder lernen Emotionen durch Beobachten der Emotionen der Erwachsenen. Diese sind aber nicht mehr sichtbar hinter den Masken. Liebloser digitaler Unterricht ohne beziehungsbildende Methoden zahlt auf das gleiche Konto ein. Die meisten Lehrer sind leider noch der Auffassung, dass es in der Schule nicht um Beziehungsaufbau geht.

Dabei entscheidet eine tragfähige Beziehung über Lernerfolge. Die sowieso schon schlechten Bedingungen im Normalbetrieb von Schulen wurden in der Pandemie noch drastisch verschlimmert. Fenster auf, Fenster zu. Lernrückstand aufholen. Begrenzte Sozialkontakte möglichst ohne Körperkontakt. Digitaler Unterricht vor schwarzen Bildschirmen. All dies führt nicht zu einem Zugehörigkeitsgefühl.

Das Grundbedürfnis nach Orientierung und Kontrolle hat unser Bildungssystem ein Stück weit zumindest vor Corona erfüllt. Klare Regeln und Strukturen, Noten, feste Schulzeiten und Konsequenzen geben ein gewisses Maß an Orientierung, obgleich das Bedürfnis nach Kontrolle schon unbefriedigt blieb, da Kinder wenig bis gar keinen eigenen Einfluss nehmen können auf ihren Schulalltag und so selbst wenig Kontrolle haben. Bei vielen nehme ich eher ein Gefühl des Sich-Ausgeliefert-Fühlens wahr, da es eben keinen eigenen Spielraum gibt, es geht wie schon gesagt ums Funktionieren. In der Pandemie ist jedoch auch die Orientierung völlig verloren gegangen. Bestimmungen, die heute erlassen werden, sind morgen schon wieder ungültig. Schulen und Lehrer waren ständig wechselnden Bestimmungen ausgesetzt, welche sie in kürzester Zeit umsetzen sollten. Waren sie gerade etabliert, kamen schon wieder neue Bestimmungen. Keiner wusste, wie die Dinge genau umgesetzt werden sollen. Diese Verunsicherung haben natürlich auch alle Kinder gespürt. Damit konnte und kann auch das Bedürfnis nach Orientierung nicht mehr erfüllt werden.

Zwei weitere Grundbedürfnisse, die nach Lustgewinn und Selbstwerterhöhung, scheinen angesichts dessen, was wir unseren Kindern zumuten, eher wie blanker Hohn. Das Erleben von Lustgewinn und Selbstwerterhöhung ist schon für uns Erwachsene in diesen Zeiten maximal erschwert. Wie sollen wir unseren Kindern etwas ermöglichen, wenn wir es nicht vorleben können? Ein Kind, welches unterernährt ist, dessen physisches Bedürfnis nach Nahrung nicht gestillt wird, ist anfälliger für jede Form von körperlichen Krankheiten und Infekten. Die Mangelernährung wirkt sich auf den gesamten Gesundheitszustand aus. Bei Nichterfüllung der psychischen Grundbedürfnisse gibt es einen ähnlichen Effekt: Das psychische System ist vulnerabler und anfälliger für jede Form der psychischen Erkrankung. Die psychische Mangelernährung wirkt sich ebenfalls auf den gesamten Gesundheitszustand aus.

Inzwischen leidet jedes zweite Kind unter psychischen Auffälligkeiten! Immer mehr Kinder erkranken zusätzlich an Adipositas. In meiner Ausbildung zur Psychotherapeutin hatte ich gelernt, dass 90 Prozent aller Essstörungen eine systemische Störung zugrunde liegt und die Kinder sozusagen die Symptomträger für ein instabiles Familiensystem sind. Genauso kann man unsere Kinder als die Symptomträger für ein krankes Gesellschaftssystem sehen. Aber keiner schaut hin, erkennt die Signale und ist mutig genug, zu handeln und Verantwortung zu übernehmen. Im Wahlkampf zur Bundestagswahl 2021 ging der Aufschrei durchs Land: „Die Klimakatastrophe ist fast unaufhaltsam, es ist fünf vor zwölf, wenn wir jetzt nicht handeln, haben unsere Enkelkinder keinen Planeten mehr, auf dem sie leben können!" Aber wie sieht es mit der pädagogischen Klimakatastrophe aus? Was die seelische Gesundheit unserer Kinder angeht, ist es mindestens fünf nach zwölf. Wie wir mit unseren Kindern umgehen, über sie denken, sie zur Welt bringen und wie wir sie betreuen lassen, ist vergleichbar mit unserem Umgang mit unserer Umwelt: zerstörerisch! Wenn wir jetzt nicht handeln, wachsen unsere Enkelkinder in einer kaputten Gesellschaft auf – psychisch, aber auch wirtschaftlich. Noch haben wir die Möglichkeit, dem Schrecken ein Ende zu setzen. Doch sind wir wirklich bereit dazu? Sind wir bereit, uns das Große und Ganze anzuschauen und die notwendige Veränderung in Gang zu setzen? Ist diese überhaupt gewünscht und gewollt?

Was unser Bildungssystem wirklich benötigt

Was ist es nun, was unser Bildungssystem wirklich benötigt? Die einen schreien nach der Abschaffung der Noten. Die nächsten starten Pilotprojekte und lassen den Gong weg oder ändern andere Kleinigkeiten im Schulalltag. Das alles ist lobenswert, da es zeigt, dass ein Bewusstsein dafür entstanden ist, dass es so nicht weitergehen kann. Leider ist es ein Tropfen auf den heißen Stein. Ich habe vor Kurzem einen Tagesworkshop für Lehrer im Rahmen der pädagogischen Planungstage an einer Schule gegeben. Die Lehrer waren durchaus motiviert, sich auch auf neue Konzepte einzulassen. Sie sind jedoch durch immer neue Anforderungen von Dokumentation und Erfüllung von Vorschriften, Erteilung von Präsenzunterricht und gleichzeitigem Online-Unterricht für Kinder in Quarantäne so überfordert, dass es kaum Raum gibt, um überhaupt neue Wege zu denken. Das Gebäude war in einem katastrophalen Zustand. Ich habe einen 8-Stunden-Workshop bei sieben Grad Celsius abgehalten in einer Aula, die nicht beheizt werden konnte, wobei ein marodes Dach für eine zusätzliche klappernde Geräuschkulisse gesorgt hat. Der gesamte Lernort Schule ist kein Ort, an dem Lernen mit Freude und Leichtigkeit gelingen kann. Es fehlt an allem. An ansprechenden lernfördernden Räumlichkeiten, einer angemessenen, digitalen Ausstattung und auch an Lehrern. Allein die Rahmenbedingungen sind nicht zeitgemäß. Hinzu kommen Lernmethoden, die ebenfalls überaltert sind. Es benötigt ein ganz neues Grundverständnis von Bildung und des Ortes, an dem unsere Kinder die meiste Zeit ihres Lebens verbringen.

Mit Sicherheit könnte die eine oder andere Studie Klarheit darüber bringen, welche Maßnahmen denn nun wirklich hilfreich sind oder welche vorrangig umgesetzt werden sollen. Das Wichtigste jedoch vor allen Maßnahmen ist Mut. Mut, etwas zu wagen, Dinge anders zu machen. Ich habe schon viele Schulen besuchen dürfen, die innerhalb der vorhandenen Strukturen einfach alles anders machen.

Die Bewegung „Schule im Aufbruch“ ist solch ein Beispiel. Dieser Mut darf und muss wachsen, sich ausbreiten über einzelne Schulen hinaus. Nur wenn wir Mut haben, groß zu denken und Veränderung wirklich zu wollen, haben wir die Chance, auch wirklich etwas in Bewegung zu setzen. Stattdessen erlebe ich Lehrkräfte, die sich mit dem Istzustand arrangiert haben und versuchen, unter teilweise desaströsen Rahmenbedingungen einen guten Job zu machen. So viel läuft gerade unter dem Motto „Hauptsache, wir halten den Schulbetrieb am Laufen“. Vielleicht wäre der Gedanke „Wenn das Pferd tot ist, steig ab“ der hilfreichere. Die Stimmen von erschöpften Lehrkräften, entnervten Eltern, aber auch wütenden Schülern werden immer lauter. Dennoch zeigt sich nirgendwo der Mut zur radikalen Neuorganisation unseres Bildungssystems.

Woher sollen wir auch diesen Mut nehmen? Wir sind erschöpft und gebrandmarkt durch unsere eigene Geschichte und auch durch die Pandemiezeiten. Angst beginnt im Kopf. Mut auch. Also sollten wir sorgsam sein mit unseren Gedanken, welche wir zulassen und welche nicht. Jede Mutter kämpft wie eine Löwin für ihre Kinder, wenn Gefahr im Verzug ist. Da stellen wir uns nicht die Frage: Kann ich das schaffen? Bin ich überhaupt mutig genug? Keine Mutter würde darüber nachdenken, ob sie Hilfe holt oder sich selbst in die Fluten stürzt, wenn ihr Kind in einen Fluss fällt und zu ertrinken droht. Momentan gibt es in unserer Gesellschaft noch mehr Eltern als Nichteltern – egal welchen Beruf sie ausüben. Wenn nun alle Eltern den Mut aufbringen, für das Wohl unser aller Kinder aufzustehen und etwas anders zu machen, dann wäre die Veränderung zum Guten unaufhaltsam.

7

Gesamtgesellschaftliche Folgen

So wie die Klimakrise Folgen für uns alle hat, hat auch die pädagogische Klimakrise gesamtgesellschaftliche Folgen. Wir verhalten uns genauso „dumm“ wie in der Klimadebatte: „Klimaschutz ist zu teuer! Wenn wir das konsequent durchziehen, kann sich keiner mehr ein Auto leisten, weil dann der Sprit viel zu teuer ist!“ Das ist kurzsichtig gedacht, das große Ganze und langfristige Auswirkungen bleiben unberücksichtigt, die Tatsache, dass die Folgen des Klimawandels weit teurer sein werden als eine Einschränkung jetzt und heute, klammern wir aus. Genauso können wir weiter unsere Kinder als Objekte behandeln und alle Maßnahmen an medizinischen Vorgaben und wirtschaftlichen Faktoren ausrichten. In beiden Fällen geht es scheinbar um das Wohl des Einzelnen – oder doch der Größeren? Aber ist das so? Leider werden immer noch wirtschaftliche Interessen in unserer Gesellschaft, einer Kapitalgesellschaft, als wichtigstes Entscheidungskriterium angesehen. Doch auch hier nur bezogen auf das Hier und Jetzt. Denn genauso wie unsere Untätigkeit in der Klimafrage hat die Degradierung unserer Kinder zu Objekten, die funktionieren müssen, langfristige wirtschaftliche Folgen und wird uns alle teuer zu stehen kommen.

Das Zukunftsinstitut forscht darüber, was eine zukünftige Gesellschaft bestenfalls ausmacht und welche Schwierigkeiten die heutige Gesellschaft umschreiben: „Wir spüren, dass sich die Welt fundamental verändert, wir arrangieren uns großteils damit – aber es fällt uns schwer, diesen Umbruch zu beschreiben, in neue Formen und Konzepte zu bringen. Umso mehr ist es daher an der Zeit, diesem Wechsel Gestalt zu geben.“[57] Die digitale Gesellschaft stellt uns vor ganz andere Herausforderungen als unsere bisherige Gesellschaft. Werte und Strukturen müssen überdacht und erneuert werden. Unsere Kinder müssen fit gemacht werden für Berufe, die es jetzt noch gar nicht gibt – die aber in zehn Jahren elementar sein werden für die gesamte Wirtschaft. Die Gesellschaft, die sich gerade entwickelt, ist widersprüchlicher und „unvernünftiger“, als es die moderne Gesellschaft jemals war. Die Einschätzung des Zukunftsinstituts lautet diesbezüglich wie folgt: „Sie funktioniert wie ein offenes Spiel, bei dem sich die Spielregeln erst im Spielverlauf – und immer wieder neu – herausbilden ohne einen obersten Spielleiter.“[58] Wie sollen nun Heranwachsende und junge Erwachsene, die im Funktionsmodus groß geworden sind, damit umgehen? Junge Menschen, denen die Glaubenssätze „Ich muss funktionieren“ und „Ich bin wertlos“ implantiert wurden? Wie sollen sie sich mit diesen Glaubenssätzen im Gepäck auf sich ständig verändernde Spielregeln einlassen? Sie besitzen nicht den Selbstwert, einfach zu machen. Und ihnen fehlt der Spielführer, der sagt, wo es langgeht.

Unsere Handlungen werden unterbewusst gesteuert von unseren Glaubenssätzen, aber auch von unseren Werten. Ein Wert gibt Ausdruck darüber, was uns wichtig ist, was uns buchstäblich etwas „wert“ ist. So gibt es auch Werte für das menschliche Handeln und gesellschaftliche Werte. Bislang waren zwei grundlegende Werte in unserem gesellschaftlichen System verankert, doch leider gibt es zwischen diesen beiden Werten kaum mehr einen gemeinsamen Nenner.

Der eine Wert beruht auf einem starken WIR. Es geht um Zusammenhalt, Gemeinschaft. Etablierte Strukturen scheinen diesen Zusammenhalt in den letzten Jahrzehnten gefördert zu haben. Doch nicht zuletzt die Coronakrise hat ans Tageslicht gebracht, was latent schon lange da war: Inzwischen ist unser Land geprägt von Spaltung, ein „Wir", ein Gefühl des Zusammenhalts ist nicht mehr zu erkennen. Schon länger waren Tendenzen in diese Richtung erkennbar: Das Erstarken extremistischer Parteien, die Feindseligkeit gegenüber Ausländern, Flüchtlingen oder Juden sind Beispiele. In der Pandemie entzünden sich Konflikte an den Maßnahmen. Der andere Wert ist die Individualität. Hier stehen individuelle Ziele, Leistungen und Wettbewerb im Vordergrund. Dieser Wert scheint mit dem anderen in jüngster Zeit im Wettstreit zu liegen, als ginge es um ein Entweder-oder. Egoismus setzt sich durch auf Kosten von Gemeinschaft und Gemeinsinn.

Eine Lösung ist nur in einer globaleren Betrachtungsweise möglich. Ein progressives WIR, das die Gemeinschaft will und dafür die Stärken des Einzelnen nutzt, scheint laut dem Zukunftsinstitut solch eine Lösung zu sein.[59] Aber wie kommen wir dahin?

Unsere Heranwachsenden müssen dies wollen, aber auch leben können. Für ein WIR braucht es den Wunsch und die Fähigkeit, Bindungen aufbauen zu können, sich selbst und den anderen zu sehen. Aber wie soll das gehen, wenn unsere Kinder ohne Bindungshormon in ihr Leben starten? Wenn ihr Leben auf Funktionieren ausgerichtet ist – von Geburt an? Wir benötigen starke Kinder, die ihre Individualität, aber auch ihre Fähigkeiten kennen und nutzen können. Wie soll sonst die Stärke des Einzelnen in eine Gemeinschaft integriert werden, in der die Stärken des Einzelnen nicht geschätzt werden und es nur um das Funktionieren geht? Wie soll dies funktionieren, wenn jegliche Spur von Individualität in dem System, in dem unsere Kinder groß werden, im Keim erstickt wird? Ein verstaatlichtes Kind, welches optimiert, reguliert und traumatisiert ist, ist weder in der Lage, sich in ein WIR zu integrieren, noch kann es individuelle Fähigkeiten und Lösungskompetenzen in eine sich immer schneller entwickelnde Gesellschaft einbringen.

Eine traumatisierte Gesellschaft

Unsere Traumaforschung steckt noch immer in den Kinderschuhen, wenngleich sich in den letzten 100 Jahren schon viel getan hat. Früher wurden seelisch geschädigte Kriegsveteranen noch in die Schublade „Schwächling" gesteckt, ihre Flashbacks und die Symptome all der nicht verarbeiteten Erlebnisse des Krieges nicht verstanden und verharmlost. Inzwischen wissen wir, dass es sogar ein transgenerationales Trauma gibt, das heißt, nicht verarbeitete Traumata werden ein oder zwei Generationen weitergegeben. Enkelkinder oder Kinder leiden dann an den Symptomen von Traumafolgestörungen, ohne offensichtlich ein eigenes Trauma im Sinne eines Ereignisses von katastrophalem Ausmaß erlebt zu haben.[60] Das Leid der Betroffenen ist groß und beeinträchtigt das eigene Leben. Kriegstraumata zeigen sich bis heute in vielen Facetten. „[...] Studien zeigen, dass sich bei vielen Kriegsenkeln Muster wiederholen: rastloser Arbeitssinn, emotionale Blockaden, ein geringes Selbstwertgefühl, zu wenig Nachsicht mit sich selbst."[61] All das betrifft den Einzelnen, hat aber natürlich auch Auswirkungen auf das Kollektiv. So führt zum Beispiel rastloser Arbeitssinn zu einer erhöhten Gefahr von Herzinfarkten, Schlaganfällen und Burn-out, was wiederum unser Gesundheitssystem betrifft. Wissenschaftliche Studien sagen, dass jede Generation ihr Thema hat, um welches sie sich zu kümmern hat. Wir tun gut daran, diese Themen zu kennen und nicht nur im Einzelnen, sondern im Großen und Ganzen zu betrachten.

Zusätzlich zu individuellen Traumata leidet Deutschland auch an einem kollektiven Trauma. Man könnte meinen, dass der Nationalsozialismus uns heute nicht mehr betrifft, doch unser Kollektiv ist immer noch traumatisiert. Es besteht viel Schuld und Scham angesichts dessen, was in unserem Land einmal vorging, von uns als Volk ausging. Ein Wesen des Traumas ist die Vermeidung des Wiedererlebens einhergehend mit Verleugnung, Schuld und Scham. Wenn wir nun berücksichtigen, dass Traumata transgenerational übertragen werden können, wenn sie nicht aufgearbeitet wurden, dann ergibt das Verhalten unserer Gesellschaft in der Pandemie in allen Facetten Sinn. Unser inneres System versucht stets, uns zu schützen, die Wiederholung traumatischer Erfahrungen zu vermeiden, und dies mit allen Mitteln. So kann es sein, dass manche Menschen, die an transgenerationalen Traumata leiden, schlicht eine Form der Entmündigung, Ausgrenzung und Demütigung wie im Nationalsozialismus nicht wieder erleben wollen. Einige verfallen in den „Fight-Modus", was die Radikalität mancher Demonstrationen erklären könnte. Andere Menschen gehen in den „Freeze-Modus" nach dem Motto: Wenn ich mich nicht bewege, wird es mich nicht treffen. Für beide Menschengruppen stellen die Maßnahmen gegen die Pandemie sozusagen einen Trigger dar, der das tief verankerte transgenerationale Trauma auslöst. Das Erleben von Schrecken und Lähmung, von Hilflosigkeit und Überforderung springt dann in das sogenannte Alltags-Ich im Hier und Jetzt.

Nach dieser Theorie reagiert ein Großteil der Menschen aus einer alten Verwundung der Seele und Angst heraus, aus einem Erleben ihrer Eltern und Großeltern, die ihre eigene traumatische Geschichte nicht aufgearbeitet haben. Dies würde auch erklären, warum die Pandemie solch eine Verhärtung der Fronten gebracht hat. Jede Seite agiert aus einer tiefer liegenden Angst zum Schutz des eigenen Systems. Wenn man sozusagen dem Säbelzahntiger ins Auge blickt, gibt es keinen Verhandlungsspielraum, da geht es um Leben und Tod. Genauso stellt sich mir die ausgrenzende und erhitzte Debatte um alle Pandemiemaßnahmen dar.

Was wäre, wenn die zunehmende Spaltung unserer Gesellschaft „nur" ein Hinweis auf ihre Traumatisierung wäre? Welche Wege aus der Spaltung könnten wir dann kreieren? Was bräuchten die jetzigen Erwachsenen zur Heilung? Und was bedeutet dies für unsere Kinder? Wenn schon ein transgenerationales Trauma eine Gesellschaft so beeinträchtigen und ein kollektives Trauma unser Miteinander so beeinflussen kann, welche Auswirkungen auf die zukünftige Gesellschaft wird dann die kollektive Traumatisierung unserer Kinder haben? Wie groß werden dann die Folgen der zunehmenden Verstaatlichung unserer Kinder mit dem Drang zur Optimierung und Regulierung sein? Wir bestimmen heute über die Zukunft von morgen, unter anderem, indem wir die Vergangenheit verstehen.

Hier lohnt sich übrigens auch ein Blick auf die Inhalte, die unser Bildungssystem vermittelt: Was bringen wir unseren Kindern über den Nationalsozialismus bei? Welche Werte vermitteln wir ihnen auch durch die Auswahl von Inhalten? Ich nehme in diesem Kontext mehr Schuld und Scham wahr als die Übernahme von Verantwortung. Befeuern wir nicht mit der Art, wie wir mit unseren Kindern umgehen, ein System, welches bestenfalls nie mehr wiederkommen soll? Unzufriedenheit und Unterdrückung hat damals mit dazu beigetragen, dass die Etablierung solch eines Regimes überhaupt erst möglich war. Auch heute unterdrücken wir unsere Jugend und ihre Unzufriedenheit zeigt sich in ihrem Verhalten und in ihren Problemen.

Folgen für Wirtschaft und Gesellschaft

Wir alle merken, das bestehende Wertesystem löst sich auf. Unsere Gesellschaft ist im Wandel in einer Geschwindigkeit, die mir manchmal den Atem nimmt. Ich war acht Jahre alt, als wir unseren ersten Fernseher bekamen, ein kleines Ding mit zwei Drehknöpfen. Die Filme waren schwarz-weiß, es gab einen Sendeschluss und viel Rauschen und schwarz-weiße Pixel. Inzwischen gibt es Flatscreens in exorbitanten Größen – nicht mal 50 Jahre später. Die Digitalisierung vollzieht sich mit enormer Geschwindigkeit. Wir werden immer technischer und automatisierter. Heute schon gibt es Jobs, die es vor fünf oder zehn Jahren noch nicht gab. In fünf Jahren wird es Berufe geben, die wir uns heute noch nicht vorstellen können, die jedoch von großer Notwendigkeit für unsere Wirtschaft sein werden. Die zukünftige Gesellschaft steht vor der immensen Aufgabe, Lösungen zu finden für Probleme, die es jetzt noch nicht gibt. Es braucht kreative Köpfe und starke Persönlichkeiten, die sich durch die immer schnelleren Entwicklungen nicht aus der Ruhe bringen lassen.

Gleichzeitig braucht es eine neue Form des Wirgefühls. Es gilt, die Frage zu beantworten, wie wir in einer immer digitaleren Welt trotzdem Nähe erleben können. Denn so viel ist klar: Nur eine starke Gesellschaft mit einem starken WIR-Kern wird die Herausforderungen der Zukunft meistern und so auch wirtschaftlich florieren. Denn unser Bedürfnis nach Bindung bleibt auch in einer digitalen Gesellschaft bestehen. Dieses Bedürfnis wird anders gefüllt und gelebt werden als bisher. Es nützt nichts, den Großfamilien hinterherzutrauern. Es geht darum, ein Konzept zu entwickeln, wie und wo wir heute Gemeinschaft und Beziehungen in einem guten Maß leben können.

Welche Folgen wird es nun im Gegenzug haben, wenn wir unsere Kinder nicht adäquat auf diese Herausforderung vorbereiten und ihnen unnötige Steine in den Weg legen? Die Inanspruchnahme von Psychotherapie von Kindern und Jugendlichen hat sich in den letzten zehn Jahren verdoppelt. Ein Ende ist nicht abzusehen. Zum einen werden hier Kosten produziert, die gesamtgesellschaftlich getragen werden müssen. Oftmals wird es bei der Inanspruchnahme von Psychotherapie im Kindes- und Jugendalter nicht bleiben. Burn-out und Depressionen sind auch bei Erwachsenen die häufigsten Gründe, Psychotherapie in Anspruch zu nehmen. Weitere Kosten entstehen. Wie zu Beginn des Buches berichtet, hat eine Traumatisierung auch physische Folgen, auch hier entstehen Kosten für unser Gesundheitssystem. Nehmen wir einmal den „rastlosen Arbeitssinn“ als Traumafolgeerscheinung:

Inzwischen ist allseits bekannt, dass zu viel Stress, mangelnde Selbstfürsorge und zu viel Arbeit die Gefahr von Schlaganfällen, Herzinfarkten und anderen Krankheiten erhöhen. Wie viel Geld wir langfristig sparen würden, wenn wir mehr auf die psychische und physische Gesundheit aller Bürger achten würden, ist schwindelerregend.

Wichtig ist auch hier wieder ein ganzheitlicher Blick. Alle Coronamaßnahmen zielen auf die physische Gesundheit ab, aber leider nur sehr einseitig auf das Infektionsgeschehen. Jeder Mensch ist jedoch weitaus mehr als ein möglicher Virusüberträger. Lassen wir weiterhin die seelische Gesundheit, also unsere Psyche, außen vor, hat dies langfristige gesamtgesellschaftliche Folgen. Wir alle zahlen hierfür die Rechnung in finanzieller, aber auch gesundheitlicher Hinsicht.

Weiterhin braucht es für ein gesundes Wirtschaftswachstum entsprechende Arbeitskräfte, Facharbeiter, innovative Denker. Menschen, die sich an immer neue Spielregeln anpassen können und gleichzeitig Lösungen kreieren für Probleme, die fast im gleichen Moment erst entstehen. Wenn aber nur ein kleiner Prozentsatz unserer Kinder zu solchen Erwachsenen heranreift, wer soll dann die notwendigen Innovationen vorantreiben? Wer soll diese kreative Arbeit leisten? Schon jetzt fehlt es überall an Fachkräften. Wir schwächen die Leistungsfähigkeit unseres gesamten Landes mit der Normierung unserer Kinder. Die Kosten hierfür übersteigen meiner Meinung nach weit das, was es kosten würde, das Ruder herumzureißen und Dinge nachhaltig zu ändern. Jedes Wirtschaftsunternehmen bezieht alle Kosten für sein Wachstum mit ein. Die Betriebe, die wirklich florieren und innovativ nach vorn gehen, haben in die Umstrukturierung ihrer Firma investiert. Die Kosten für die Umstrukturierung werden hier als Investment in die Zukunft gesehen, um wirtschaftlich zu bleiben. Anders ist Wirtschaftlichkeit nicht zukunftsfähig. Warum machen wir in Bezug auf die Gesundheit unserer Bevölkerung und damit auf die Wirtschaftlichkeit unserer gesamten Gesellschaft lauter Milchmädchenrechnungen auf?

Wie wird unsere Gesellschaft in 20 bis 40 Jahren aussehen, wenn wir den Absprung nicht schaffen? Schon jetzt wird deutlich, dass die Bildungsschere immer weiter auseinandergeht. Es wird die Bildungselite geben, ein nicht unerheblicher Teil unserer Bevölkerung wird jedoch zum bildungsschwachen Teil gehören. Dies hat wiederum Auswirkungen auf unsere Gesellschaft, auf die mögliche Arbeitsleistung und vieles mehr. Aber nicht nur die Bildungsschere öffnet sich immer weiter, auch die Verteilung der Vermögensverhältnisse offenbart klaffende Gräben. Die Kinderarmut nimmt immer weiter zu, während Einzelne riesige Vermögen anhäufen. Die Zweiklassengesellschaft wird in Zukunft noch mehr unseren gesellschaftlichen Alltag prägen. Es wird die Reichen geben, die voraussichtlich überproportional über die Geschicke unseres Landes bestimmen werden. Diese Gruppe wird jedoch nur einen Bruchteil der Bevölkerung ausmachen. Und den anderen wird die Teilhabe immer weniger ermöglicht werden. Es wird die Bildungsfernen geben, die funktionieren, und diejenigen, die unter dem erdrückenden System kollabieren. Diese beiden Gruppen werden den Großteil unserer Gesellschaft ausmachen, gesteuert von der kleinen Gruppe der Reichen und Mächtigen.

Wenn ich diesen Gedanken weiterspinne, dann entsteht vor meinen Augen das Bild einer Gesellschaft, in der ich nicht leben möchte. Mitmenschlichkeit gibt es dann nur noch selten, alles ist ausgerichtet auf den Erfolg Einzelner. Ist dieser nicht erreichbar, ist es also nicht möglich, in dem zukünftigen Spiel zu funktionieren, dann folgen Depression und Burn-out, welche wiederum enorme Kosten hervorrufen. Zum einem für die Gesundung der Betroffenen, zum anderen muss ihr Unvermögen der wirtschaftlichen Teilhabe an dieser Stelle ja ausgeglichen werden durch andere, die mehr arbeiten und verdienen. Das befeuert den Kreislauf weiter. Eine endlose Abwärtsspirale.

8

Ein radikaler Schnitt mit radikalen Folgen

Ist diese Abwärtsspirale noch zu stoppen? Können wir noch aussteigen und etwas ändern? Und was bräuchte es dazu? Am sinnvollsten scheint ein radikaler Schnitt – so etwas wie eine Kernsanierung. In den letzten Jahren gab es so viele Aufschreie, was es nun zu tun gilt. Am besten sofort und unaufhaltsam.

- Noten abschaffen
- Gleitzeit für den Unterrichtsbeginn
- Abschaffung der Verbeamtung
- Schule als Wirtschaftsunternehmen betrachten
- Unterrichtsfach Glück einführen
- Mehr Entlastung der Familien durch noch mehr Betreuungsangebote

Die Liste dessen, was alles möglich wäre, ist lang. Doch bringen uns diese Dinge wirklich nach vorn? Auch ein radikaler Umschwung muss gut geplant und durchdacht sein. Passiert das nicht, dann ist die Gefahr des Chaos zu groß und die Gefahr, dass wir auf halber

Strecke aufgeben, da das Ziel nicht klar ist und der Fortschritt zu lang dauert.

Ich mag den Vergleich mit einem sanierungsbedürftigen Haus, obwohl er mit Sicherheit an verschiedenen Stellen hinken wird. Stellen wir uns solch ein Haus vor: Es hat einen alten Gewölbekeller, der leicht feucht ist, der Sand rieselt aus der Decke. Im ganzen Haus gibt es Licht, aber die ein oder andere Lampe hängt nur am seidenen Faden am Stromnetz. Mal geht sie, mal nicht. Der Wasserdruck reicht nicht bis in die Dusche der oberen Etage. Die Klospülung bedarf immer besonderen Zuspruchs, damit sie funktioniert. Die Tapeten sind alt und müffeln etwas. Im Sommer ist es heiß, im Winter saukalt, da sowohl die Dachdämmung als auch die Fassadendämmung fehlt. Durch die Fenster pfeift der Wind. Man könnte jetzt anfangen und neue Fenster einsetzen, um die Kälte abzuhalten. Dann würde sich aber bald Schimmel in den Räumen bilden, da die Fenster mit zur „Atmung" des Hauses gehören. Wenn nicht gleichzeitig die Fassade gedämmt und atmungsaktiv erneuert wird und das Dach gedämmt wird, wird es nur einen kurzfristigen Nutzen bringen, neue Fenster einzubauen. Natürlich könnte man bei auftretendem Schimmel wiederum nur diesen behandeln. Aber damit würde man fortwährend Symptome bekämpfen, anstatt Ursachen zu sehen und sie zu beheben. Man könnte auch alle Stromkabel erneuern. Werden aber nicht gleichzeitig die Sicherungen erneuert, würde das Stromnetz überlastet werden, sobald alle Lampen angeschaltet werden, und die Sicherung würde herausfliegen. Eigentlich hilft nur der radikale Schritt der Kernsanierung für ein wirklich gutes Resultat.

Jeder, der schon einmal ein Haus kernsaniert hat, weiß, was dies an Arbeit und Dreck bedeutet. Jedoch berichten auch alle, die es Stück für Stück machen wollten, dass sie nie fertig geworden sind und das Leben in einer Dauerbaustelle keine wirkliche Freude bereitet.

Diese Frage steht allem voran: Wollen wir eine Kernsanierung? Haben wir die Dringlichkeit der Veränderung im Umgang mit unseren Kindern verstanden? Oder sehen wir nur das nicht funktionierende Licht, so, wie wir „nur" auf die Ausstattung unserer Schulen mit WLAN und Tablets schauen, ohne Konzepte für digitalen Unterricht zu entwickeln. So gehen wir in allem vor: Wir sehen ein Problem, sind geneigt, dieses Problem beheben zu wollen, ohne das Große und Ganze in den Blick zu nehmen.

Wir können weitermachen wie bisher und „Löcher stopfen". In dem Gleichnis der Haussanierung hieße dies, eine Sanierung im vollen Betrieb und bei Bewohnung des Hauses vorzunehmen. Dies dauert lange und kostet ungleich mehr. Die Nerven aller Beteiligten werden überstrapaziert und das Endergebnis, da ein beständiges Flickwerk betrieben wird, bleibt fraglich. Eine Kernsanierung am „leeren Haus" hingegen braucht eine gute Vorplanung und den Willen, den alten Zustand noch zu tolerieren, bis es mit der Umsetzung losgeht. Am Ende bedeutet diese Art der Sanierung jedoch auch höchste Effizienz und Wirtschaftlichkeit. Und das Endergebnis würde sehr viel schneller dem neuesten Standard entsprechen – vorausgesetzt, wir haben die Dringlichkeit zur Veränderung verstanden. Wie kann also solch eine radikale Sanierung aussehen?

Geschwindigkeit, Einfachheit und Klarheit

Unser System ist meist zu träge und zu kompliziert. Wir Deutschen scheinen irgendwie Verfechter der Dauerbaustellen zu sein, da reicht allein ein Blick auf unsere Autobahnen. Ich bin immer wieder fasziniert davon, wie schnell in anderen Ländern Baustellen auf Autobahnen abgeschlossen werden und wie lange bei uns an einer Baustelle gearbeitet wird. Betrachten wir die notwendige Digitalisierung an Schulen, wird vielleicht deutlich, warum wir in manchen Bereichen einfach nicht vorwärtskommen. Die Digitalisierung unserer Schulen war schon vor Corona notwendig. Alte, kaum funktionierende Overheadprojektoren, Medienwagen, die man quer durch die ganze Schule schieben muss, und vieles mehr erwecken den Anschein, dass unsere Schulen im letzten Jahrhundert stecken geblieben sind. Die Pandemie hat aus der Notwendigkeit eine Dringlichkeit werden lassen und dennoch sind von den 6,5 Milliarden Euro aus dem Digitalpakt, mit dem der Bund die digitale Infrastruktur der Schulen fördern will, erst 852 Millionen Euro geflossen;[62] ein kompliziertes und vor allem zeitraubendes Antragsverfahren macht es den Schulen schwer. Zu den komplizierten Antragsverfahren kommt, dass zu wenige Personal vorhanden ist, um die Anträge zu bearbeiten, und obendrauf noch Lieferengpässe bei der Beschaffung der IT-Lösungen. Und wenn wir über die dringliche Digitalisierung sprechen, ist es, als sprächen wir „nur" von der mangelnden Elektrik in unserem sanierungsbedürftigen Haus.

Gehen wir zurück zu unserem Haus. Es gibt nun die Finanzierungszusage für die Sanierung. Aber für jeden Teilabschnitt der Sanierung muss ein endlos langer Antrag ausgefüllt werden, der jeden, der ihn nicht entwickelt hat, überfordert. Dies muss natürlich neben alldem passieren, was es sonst zu tun gibt. Es gibt dafür kein extra Zeitkontingent. Danach wird dieser Antrag bearbeitet. Aber es gibt nicht genug Personal bei den Banken für eine zügige Bearbeitung. Dann endlich ist die Genehmigung da. Der Teilumbau kann beginnen. Nur sind jetzt dummerweise schon alle Materialien vergriffen. Also heißt es wieder warten. Würde Hausbau so funktionieren, würden keine Häuser mehr gebaut oder saniert werden.

Momentan erstickt unsere Bürokratie allen Mut zur Veränderung und allen „Sanierungswillen" im Keim. Es benötigt einfache und klare Wege und Strukturen, welche ein gewisses Maß an Geschwindigkeit zulassen. Da wir es in den letzten 100 Jahren versäumt haben, beständig in die Renovierung unseres Bildungssystems zu investieren, steht nun eine Komplettsanierung an. Diese kann nur mit klarem Kopf und Weitblick gelingen. Das bedeutet, wir müssen das Bildungssystem im Kontext all dessen sehen, was unsere Kinder bildet. Es muss also nicht nur über Schule geredet werden, die Art, wie wir unseren Kindern den Start ins Leben ermöglichen durch Geburt und Begleitung der ersten sechs Lebensjahre, gehört für mich ebenso dazu. Sonst wäre es so, als ob man nur zwei Zimmer in unserem sanierungsbedürftigen Haus berücksichtigt und zum Beispiel die Küche schimmelig und stinkend lässt. Dann können wir es auch lassen.

An manchen Stellen hat Corona uns gezeigt, was doch alles geht, wenn es sein muss. Auf einmal konnte Bürokratie umgangen oder ausgehebelt werden. Als die Dringlichkeit groß genug wurde, wurde das Pandemiegesetz erlassen, welches auf einmal Spielraum gab für schnelleres Handeln. Ob all die Entscheidungen, die mithilfe der „epidemischen Lage von nationaler Tragweite" umgesetzt wurden, sinnvoll oder gut waren, lassen wir an dieser Stelle bewusst unkommentiert. Es geht um Entscheidungsmöglichkeiten und um Geschwindigkeit. Diese ist möglich bei entsprechender Dringlichkeit. Vielleicht müssen wir einfach nur die pädagogische Klimakrise von nationaler Tragweite ausrufen ...

Sind wir bereit? Ursachenbehebung statt Symptombekämpfung

Nehmen wir einmal an, es gelänge uns, die bürokratischen Hindernisse galant zu umschiffen, und wir könnten klare direkte Wege für die dringliche Veränderung schaffen – was wäre dann zu tun? Meistens machen wir den zweiten Schritt vor dem ersten. Bevor wir die Frage beantworten: „Was ist jetzt zu tun?", müssen wir diese beiden Fragen beantworten:

- „Wollen wir wirklich etwas ändern?"
- „Was ist das Ziel aller Veränderung?"

Ich hoffe, meinen Lesern ist inzwischen bewusst, dass sich irgendetwas ändern muss. Und dennoch bleibt die Frage: Wollen wir es wirklich? Mit allen Konsequenzen? Der Weg wird kein leichter sein. Er bedeutet Entbehrungen, Umdenken, Neudenken, sich aus der eigenen Komfortzone wagen und mitmachen. Hier ist nicht allein die Politik gefragt, sondern jedes Mitglied der Gesellschaft, genau an der Stelle, wo es gerade steht, mit all seinen Fähigkeiten und Möglichkeiten. Also stelle ich die Frage hier ganz direkt: Sind Sie bereit? Möchten und werden Sie ein Teil der dringlichen Veränderung in unserem Land sein? Zum Wohle unserer Kinder und zum Wohle der gesamten Gesellschaft? Sind Sie bereit, den Stier bei den Hörnern zu packen – gemeinsam mit all den anderen? Sind wir als Gesellschaft bereit, aus der Symptombekämpfung herauszukommen und in die Ursachenbehebung einzutauchen? Wenn wir die zweite Frage nach dem Endergebnis außer Betracht lassen, können wir hier und da flicken, wie wir das schon immer getan haben. Meines Erachtens passiert dies immer, wenn nicht das Große und Ganze betrachtet wird. Wir können bei dem Hausbau nur die einzelnen Gewerke betrachten oder die einzelnen Räume oder die Materialien oder die Handwerkerkosten oder, oder, oder. Aber effektiv, sinnvoll und rentabel wird es nur, wenn wir in der Lage sind, das gesamte Bauvorhaben zu betrachten, und alles miteinander in Bezug setzen und weise vorausplanen. Es braucht eine Idee vom Großen und Ganzen – eben von dem gewünschten Endresultat. Aber wie soll das gehen in einem Land des Bildungsföderalismus? In einem Land, in dem jeder seine eigenen Interessen an die oberste Stelle stellt? In einem Land, in dem letzten Endes nicht die Mehrheit, sondern die Gruppe mit dem größten wirtschaftlichen Einfluss entscheidet?

Als Unternehmerin weiß ich nur zu gut, wie schwierig es ist, unterschiedliche Wünsche, Vorstellungen und Bedürfnisse unter einen Hut zu bekommen. Es ist nicht leicht, das Große und Ganze zu sehen und gleichzeitig alle so mitzunehmen, dass sie mitmachen, und alles so zu planen, dass es der Vision dient. Es braucht eine klare Vision als Ziel und Werte, die dieses Ziel tragen und unterstützen.

Ist die Verstaatlichung gewollt? Die Sache mit den Werten

Hier stellt sich nun die Frage: Welche Werte werden innerhalb unserer Gesellschaft gelebt und vermittelt und welche Vision haben wir von einer zukünftigen Gesellschaft und unserem Leben innerhalb dieser Gesellschaft? Mit „Fleiß, Pünktlichkeit und Gründlichkeit" haben wir uns einen Namen gemacht in der Welt, in der Wirtschaft. Auf dieser Grundlage wurde „Made in Germany" ein besonderes Qualitätsmerkmal – zu früheren Zeiten. Genau bei diesen Werten scheint unser Bildungssystem von Geburt bis Ausbildung stecken geblieben zu sein. Gerade unser Schulsystem steckt voller Fleiß (PISA und Co lassen grüßen), Pünktlichkeit (alle zur gleichen Zeit) und Gründlichkeit (in Form von Vergleichbarkeit). Dabei werden bei Befragungen immer mehr andere Werte deutlich: Einer Umfrage in Bezug auf unser Wertesystem zufolge sind die drei wichtigsten Werte der Deutschen Gesundheit, Familie und Erfolg.[63] Bei einer anderen Umfrage sind Ehrlichkeit, Selbstständigkeit und Verlässlichkeit ganz vorn, wohingegen richtiges Benehmen Platz 5 und Fleiß Platz 9 belegen.[64] In einem Artikel aus *Der Westen* wiederum werden Freiheit, Gleichberechtigung, Gerechtigkeit und Demokratie als die wichtigsten Werte benannt.[65]

Warum sind nun Werte so wichtig? Werte geben uns eine Identität, sie helfen uns, zu verstehen, wer wir sind. „Werte sind Vorstellungen, die das ‚gute Leben' beschreiben und häufig auf das dafür ‚richtige Handeln' schließen lassen."[66] Damit sind Werte unsere Richtschnur und bestimmen unser Handeln. Setzen wir Fleiß und Pünktlichkeit als obersten Wert, werden wir andere Entscheidungen treffen für unsere „Haussanierung", als wenn wir Gesundheit und Familie an die oberste Stelle setzen. Dies dürfte jedem einleuchten. Also bleibt die Frage: Woran wollen wir uns ausrichten? Was sind die Werte unserer Gesellschaft? Und welche Werte benötigen wir für eine zukünftige Gesellschaft zum Wohle unserer Kinder?

Werfen wir einen Blick auf die bestehenden Werte als Grundlage für die bisherigen Entscheidungen. Wenn Frau Merkel sagt, sie schaffe das Recht auf eine Ganztagsbetreuung aller Kinder bis zehn Jahre und tue dies als Investment in die Familien, dann scheint der Wert Familie Grundlage für ihr Handeln zu sein. Dies ist durchaus richtig, wenn man den Wert von Familie über das Bruttosozialprodukt und die Sicherstellung von Arbeitsplätzen definiert. Liegt der Wert von Familie jedoch in Beziehung und Begleitung unserer Jüngsten, geht die Sache nicht mehr auf, es muss der Entscheidung ein anderer Wert zugrunde liegen.

Hier schließt sich sogleich die Frage an: Ist die in diesem Buch beschriebene Verstaatlichung unserer Kinder gezielt gewollt? Unter der Prämisse von Fleiß und Pünktlichkeit, Gesundheit und Erfolg – auf jeden Fall. Für mich steht dahinter die Idee, durch Wirtschaftlichkeit und Gleichheit einen funktionierenden Menschen als Produkt zu gewinnen. Leider bleibt dabei völlig unberücksichtigt, dass Menschen und vor allem Kinder keine Produkte sind und die Nichterfüllung der psychischen Grundbedürfnisse eher zum Gegenteil des Erwünschten führt. Wenn die Verstaatlichung unserer Kinder vielleicht nicht zielorientiert gewollt ist, so wird sie zumindest billigend in Kauf genommen – eben weil die Sicht auf das große Ganze fehlt und jeder in seinem „Gewerk“ für sich das Beste herausholen will. Und weil wir momentan Werten wie Effizienz folgen.

Unter Berücksichtigung dieses Wertes ergeben zum Beispiel die Praktiken in der Geburtshilfe durchaus Sinn. Aber ist es das, was wir wirklich wollen, und noch viel mehr, ist es das, was eine zukünftige Gesellschaft nach vorn bringt? Ich denke nicht, die Folgen sind eher als katastrophal einzustufen. An dieser Stelle dürfen und müssen wir überdenken, welchen Wert Familie und besonders unsere Kinder wirklich für uns haben. Auch ein Blick darauf, welche Werte wir als Gesellschaft leben und verkörpern wollen, hilft in dem Vorhaben der „Bausanierung“ ungemein. Dieser Blick gestaltet die Vision vom großen Ganzen – vom Ziel.

Was unsere Kinder wirklich benötigen

Was ist denn überhaupt das Ziel? Wie sollen unsere Kinder sich entwickeln? Welche Fähigkeiten sollten sie bestenfalls herausgebildet haben, um die zukünftige Gesellschaft gut gestalten und verantwortlich handeln zu können? Welche Kompetenzen werden sie benötigen? Arie Elbelman R., seit Jahren in den Bereichen EdTech, Robotik und Coding tätig, ist davon überzeugt, dass wir unsere Zukunft am besten gestalten, „indem wir Kindern von heute flache Hierarchien, die richtigen Kompetenzen für das 21. Jahrhundert und eine große Portion Respekt mit auf den Weg geben".[67] Als notwendige Kompetenzen für das nächste Jahrhundert benennt er Problemlösekompetenz, Teamworkfähigkeit, die Fähigkeit, kritisch zu denken, analytische Fähigkeiten und die Fähigkeit, das Potenzial des menschlichen Gehirns optimal zu nutzen.

Wie nun können wir unsere Kinder unterstützen, genau diese Kompetenzen zu entwickeln? Was darf, kann und muss unser System leisten? Das Deutsche Rote Kreuz hat einen sehr umfassenden Artikel herausgebracht, wie Werteentwicklung innerhalb der Familie, aber auch in unserem Bildungssystem funktionieren kann: „... schulische Weiterbildung muss die Heranwachsenden in einer solchen Weise pädagogisch unterstützen, dass sie fähig werden bzw. fähig bleiben, unbeirrbar an ihren Selbstwert zu glauben."[68]

Es ist deutlich geworden, dass durch die Art, wie wir momentan mit unseren Kindern umgehen und wie wir sie betrachten, gerade diese Kompetenzen nicht nur nicht gefördert, sondern im Keim erstickt werden. Gerald Hüther, Hirnforscher, Bildungskritiker und Verfasser des Buches „Jedes Kind ist hoch begabt" erklärt, dass Kinder keine Fässer sind, in denen Wissen abgefüllt werden kann. Er erläutert sehr deutlich, wie die Rahmenbedingungen des Lernens in unserem Land dazu führen, dass diese Hochbegabung sich nicht zeigen kann. Depressionen, Ängste und Zwänge haben wenig mit einem unbeirrbaren Selbstwert, Problemlösekompetenzen oder der Fähigkeit, kritisch zu denken, gemeinsam. Teamworkfähigkeit benötigt eine sichere Bindung als Fundament; ein Fundament, welches wir unseren Kindern derzeit kaum imstande sind zu geben.

Um all diese Kompetenzen entwickeln zu können, benötigen unsere Kinder ein Umfeld, welches ihre Einzigartigkeit sieht, ihre Würde respektiert, die Individualität des Einzelnen fördert und sie nicht als Objekt oder Produkt von Wirtschaftlichkeit versteht. Die Achtung der psychischen Grundbedürfnisse ist hier elementar. In meinem Buch „Kindern geben, was sie brauchen" gehe ich sehr detailliert darauf ein, welches Umfeld Kinder benötigen, um sich frei und selbstbewusst zu entwickeln. Andere haben darüber geschrieben, wie ein Lernumfeld aussehen muss, damit Kinder ihre innewohnenden Kompetenzen entdecken und entfalten können.

Das Haus

An dieser Stelle möchte ich das sanierungsbedürftige Haus etwas genauer beschreiben. Dieses Haus ist das Haus, in dem unsere Kinder bestenfalls groß werden und sich zu starken und selbstbewussten Erwachsenen entwickeln, die in der Lage sind, das digitale Zeitalter zum Wohle aller weiterzuentwickeln und mit Leben zu füllen. Die drei wichtigsten Bestandteile eines Hauses sind das Fundament, die Wände und das Dach. Ohne ein sicheres und festes Fundament wird jedes Haus irgendwann Risse bekommen oder von unten nach oben durchfeuchten. Ohne ein Dach fehlt der Schutz vor Wind, Regen und Kälte, das Dach gibt die notwendige Sicherheit. Die Außenmauern machen überhaupt erst das Haus zu einem Haus. In den Räumen zwischen Fundament und Dach wird gelernt, gelebt und geliebt. Bestenfalls gibt es noch einen schönen Garten.

Womit sind nun das Fundament, die Mauern und das Dach zu vergleichen? Und welche Räume brauchen unsere Kinder, um sich gut entwickeln zu können? Das Fundament für unsere Kinder sind ihre Eltern. Sie geben ihnen die Wurzeln für ihr Sein auf der Erde. Also wäre die erste Frage: Welche Art von Unterstützung brauchen Eltern, damit sie für ihre Kinder dieses Fundament sein können? In meiner psychotherapeutischen Praxis und auch in meiner Tätigkeit als Unternehmerin erlebe ich sehr viele verunsicherte Eltern, die nicht mehr wissen, was wirklich gut und richtig für ihre Kinder ist. Selbstzweifel, aber auch Verunsicherung durch die Anforderungen von außen lassen Eltern eher wie einen fragilen Holzboden wirken denn wie ein festes Fundament. Wie denn auch, wenn andauernd jemand etwas anderes sagt und ihre Erziehungskompetenzen von Anfang an infrage gestellt werden. Wie denn, wenn werdende Eltern schon bei der Geburt ihres Kindes in Angst versetzt werden, wenn ihre Intuition, wie und wann ihr Kind auf die Welt kommen soll, nichts mehr wert ist und sie eigentlich von Geburt ihres Kindes an entmündigt werden. Im Grunde besteht genau darin die Verstaatlichung unserer Kinder: durch die Art und Weise, wie wir mit unseren Kindern umgehen, durch die Rechtsansprüche und Pflichten, die die Erziehung unserer Kinder staatlichen Institutionen unterstellt.

All diese Vorgaben führen dazu, dass nicht mehr die Eltern das Fundament für ihre Kinder sind. Dabei sollte der Staat oder die Politik das Dach sein, welches für Schutz sorgt. Wir haben eine sehr verdrehte Form des Schutzes von Familien in unserem System etabliert. Anstatt unsere Familien zu schützen und zu fördern, kann man vieles, was ich erlebt und gesehen habe, eher als institutionalisierte Kindeswohlgefährdung bezeichnen. In Familien zu investieren heißt für mich, Eltern stark zu machen, damit sie ihren Kindern ein gutes Fundament sein können. Und stark machen heißt eben nicht, für mehr Berufstätigkeit und noch mehr Betreuungsplätze zu sorgen.

Die Mauern sind für mich die Wirtschaft – ohne eine florierende Wirtschaft können wir kein Haus bauen. Es gäbe keine Schulen und Kindergärten, kein Gesundheitssystem und keine Bildung – zumindest in unserem Land ist dies so. Doch selten versteht sich die Wirtschaft so: als Rahmen, der unseren Kindern eine gute Entwicklung ermöglicht. Es gibt das Sozialwesen und das Wirtschaftswesen und diese besetzen getrennte Welten, so nehme ich es wahr. Spannenderweise sind die Eltern in diesem Gleichnis nicht nur das Fundament für ihre Kinder, sondern auch für die Wirtschaft, die tragfähigen Mauern. In der Coronakrise haben wir im Lockdown gesehen und erlebt, was Eltern alles leisten: Homeschooling und gleichzeitig Homeoffice, sie hielten die Wirtschaft am Laufen und betreuten gleichzeitig die Bildung ihrer Kinder. Die ganze Bürde der Pandemie lastete auf den Schultern der Eltern. Wünschenswert wäre, dies zu sehen und zu honorieren.

Das gesamte Haus zwischen Fundament und Dach sollte ein Ort der Sicherheit und Geborgenheit und gleichzeitig des Lernens und der Freude sein. Hier geht es nicht darum, das Haus in feste Bereiche aufzuteilen im Sinne von: Da ist das Arbeitszimmer, das ist Schule. Lernen findet im gesamten Leben statt und nicht nur in einem Arbeitszimmer. Genauso wenig kann das Kinderzimmer mit dem Kindergarten verglichen werden. Doch genauso ist es momentan, alles ist geordnet und getrennt voneinander. Aber genau diese Sichtweise und Herangehensweise hat uns dahin gebracht, wo wir jetzt sind: zu einem viel zu großen Prozentsatz von Kindern mit psychischen Schwierigkeiten. Keiner möchte mit Harry Potter tauschen und in einer Besenkammer unter einer Treppe wohnen. Aber gleichzeitig machen wir genau das mit unseren Kindern: Wir stecken sie in Räume und Schubladen und ziehen ihnen das Fundament unter den Füßen weg.

9

Die zukünftige Gesellschaft – eine Vision

Es ist einfach, die Dinge zu benennen, die nicht gut laufen. Wir alle sind fehlerfokussiert aufgewachsen. Unsere gesamten Nachrichten berichten über die unschönen Dinge in unserer Gesellschaft. Dementsprechend fällt es oftmals schwer, eine Vision des Guten zu entwickeln. Dem ein oder der anderen mag beim Lesen dieses Buches der Gedanke gekommen sein: „Und jetzt? Ist da überhaupt noch etwas dran zu ändern?" Manchmal habe auch ich solche Gedanken. Diese verscheuche ich dann wieder und mache mich mit allem, was ich habe und bin, ans Werk, Veränderung mitzuinitiieren.

Bei der Haussanierung habe ich davon gesprochen, dass zuerst das Ziel klar sein muss: Wie soll das Haus hinterher aussehen? Welchen Standards soll es entsprechen? Welche Räume sollen wie ausgestattet sein und welche Funktion haben? An dieser Stelle teile ich mit Ihnen meine Vision von dem fertig sanierten Haus, in dem unsere Kinder groß werden. Vielleicht wird sie nicht zu 100 Prozent Ihren Gedanken entsprechen. Das macht nichts. Nehmen Sie meine Vision als Inspiration. Wir müssen wissen, wo wir hinwollen, damit wir wissen, was es zu ändern und umzubauen gibt. Vielleicht kommen wir auf die eine oder andere Art und Weise in den Austausch und meine Vision verknüpft sich mit Ihrer und sie kann ergänzt oder verbessert werden.

In meiner Vision von einer zukünftigen Gesellschaft ist das Ziel klar definiert: Wir leben in einer Gesellschaft, in der die physische und psychische Gesundheit aller im Vordergrund steht. Kinder werden als Mittelpunkt unserer Gesellschaft gesehen, in dem Wissen, dass sie diejenigen sind, welche die Zukunft aktiv gestalten und damit darüber entscheiden, wie sich unsere Gesellschaft entwickelt und welchen Stand wir auch in der Weltgemeinschaft einnehmen. Das seelische und körperliche Wohl unserer Kinder ist damit im Fokus der gesamtgesellschaftlichen Aufgaben. Kinder werden als einzigartige Individuen gesehen und unsere Aufgabe ist es, sie so zu begleiten, dass sie ihre Fähigkeiten und Talente entdecken und ausbauen können.

Als Grundlage für solch eine positive Entwicklung wird die Achtung der psychischen Grundbedürfnisse auf allen Ebenen etabliert; vor allem eine gute tragfähige Beziehung ist die zentrale Grundlage in allen Betreuungssituationen. Eltern müssen sich nicht entscheiden zwischen Beruf und Kindern und haben den Freiraum, eine gute Balance zwischen beidem zu finden, ohne gleichzeitig in Sorge zu sein, nicht genug finanzielle Mittel zur Verfügung zu haben. Die Wirtschaft hat die Wichtigkeit von Familie anerkannt und in Firmen gibt es zum einen kreative Modelle, um Familie und Beruf mit Freude zu vereinbaren. Zum anderen sehen sich wirtschaftliche Unternehmen als Investoren für die Zukunft und beteiligen sich aktiv an der Umgestaltung des Bildungssystems zum Wohle der Kinder. Werdende Mütter können frei und ohne Druck entscheiden, wie sie ihre Kinder gebären möchten, und werden dabei gut informiert und positiv unterstützt.

Die Lebensräume von Kindern sind geprägt von Respekt und Wertschätzung. Es gibt genug inneren und äußeren Raum zur Entfaltung und um sich selbst zu entdecken. Die Menschen, welche Kinder betreuen und begleiten, sehen es nicht nur als einen Job zum Geldverdienen, sie tun es aus Leidenschaft und werden innerhalb der Gesellschaft gesehen und wertgeschätzt. Räume zum Lernen sind nicht starr und festgeschrieben. Es gibt Erlebniswelten, in denen Kinder gern lernen und Wissen ihnen ganz leicht zugänglich erlebbar gemacht wird. Es gibt viele verschiedene Formen von Betreuungs- und Lernangeboten, da ja auch unsere Kinder sehr verschieden sind. Sie alle haben das gleiche Ziel: unsere Kinder zu selbstbewussten, kreativen und lösungsorientierten Menschen heranwachsen zu lassen, welche ein starkes WIR erlebt haben und weiter in die Gesellschaft tragen. Kindergarten und Schule sind dementsprechend keine starren Systeme.

Die Politik versteht sich als Schutzpatron für Familien und für Kinder. Sie investiert bewusst in die Stärkung und in die Verantwortlichkeit der Eltern. Sie hat sich von der Verstaatlichung abgewandt und neue Konzepte entworfen, um Wirtschaft und Familie in Einklang zu bringen. Eltern und Bezugspersonen aller Art, egal ob Lehrer oder Erzieher, haben den Kampf gegeneinander aufgegeben. Sie verstehen sich als Partner mit dem gleichen Ziel und sind im konstruktiven Austausch miteinander. Wir alle leben nach dem Sprichwort „Es benötigt ein ganzes Dorf, um ein Kind großzuziehen“ und bilden dieses Dorf mit allen Facetten. Wir bedienen uns dabei des alten, intuitiven, natürlichen Wissens um das Leben, welches heute wieder von der aktuellen Forschung bestätigt wird.

Aller technologische Fortschritt dient uns, um dieses Ziel zu erfüllen. Digitalisierung in allen Bereichen ist weit fortgeschritten und wird als Unterstützung von Menschlichkeit gesehen, da sie zur Vereinfachung von Prozessen genutzt wird. Der Fokus des menschlichen Seins ist auf das WIR ausgerichtet, da wir alle auf das Grundbedürfnis der Zugehörigkeit ausgerichtet sind und vom Ursprung ja auch eins sind.

Wie sieht das praktisch aus?

Ich stelle mir eine Gesellschaft vor, in der Eltern die stärkste Kraft in der und für die Gesellschaft darstellen. Sie wissen um ihre Verantwortung und kennen sowohl ihre Stärken als auch ihre Schwächen. Sie begleiten ihre Kinder von Geburt an intuitiv und haben entsprechende Wahlmöglichkeiten. Sie werden von Hebammen, Gynäkologen und anderen Fachkräften gut auf die Geburt vorbereitet mit dem Wissen, dass Gebären in der Natur von Frauen liegt. Es gibt kein Krankheitsstigma, sondern viel Vertrauen und Wertschätzung. Dies zeigt sich in der Art, wie Kinder in Deutschland das Licht der Welt erblicken. Geburten sind gekennzeichnet von Wärme und Nähe und viel Respekt gegenüber den Gebärenden. Es besteht eine wirkliche Wahlfreiheit, jegliche Form von Angstmacherei ist aus den Kreißsälen verschwunden. Alle dort arbeitenden Menschen verstehen sich täglich als Geburtshelfer für jedes einzelne Wesen, aber auch als Geburtshelfer für die gesamte Gesellschaft. Digitalisierung wird genutzt für eine gewisse Vorhersehbarkeit in der Bedarfsplanung von Geburtsbegleitern. Das heißt, die Digitalisierung wird nicht nur für kleine Prozesse genutzt, sondern um das Große und Ganze besser gestalten zu können. Die Geburten durch einen Kaiserschnitt sind auf unter zehn Prozent gesunken, stattdessen gebären immer mehr Frauen zu Hause oder in Geburtshäusern, welche jeweils auf dem neuesten technischen Stand sind.

Der Gedanke „Es braucht ein ganzes Dorf, um ein Kind großzuziehen" hat sich in unserer Gesellschaft etabliert und neue Betreuungsformen etablieren lassen. Die Phase vom ersten Lebenstag bis zur Vollendung des sechsten Lebensjahres wird als die wichtigste Entwicklungsphase unserer Kinder gesehen und alle Einrichtungen wurden inhaltlich darauf ausgerichtet. Es gibt verschiedene Formen von Betreuung und außerhalb der Kindertagesstätten ein öffentliches Netzwerk, in dem Eltern sich über offene Betreuungsangebote wie

Tagesmütter, freie Kindergärten, Familienlebensgemeinschaften oder Ersatzomas und -opas informieren und Kontakte aufnehmen können. Die Digitalisierung verbindet Angebot und Nachfrage und es werden entsprechende Programme und Portale geschaffen. Der Zugang zu allen notwendigen Informationen ist einfach und direkt.

Die Finanzierung ist unkompliziert gewährleistet, da jedem in der Gesellschaft bewusst ist, dass dies das wichtigste und beste Investment in die Zukunft unserer Gesellschaft ist. Schule ist ein kreativer Wohlfühlort für Kinder, an dem ihre natürliche Lernbegeisterung gefördert und unterstützt wird. Auch hier gibt es viele verschiedene Schulformen, die nicht wie bisher nach Leistung kategorisiert werden. An manchen Orten gibt es so etwas wie eine Lernstadt, ähnlich wie die Autostadt in Wolfsburg. In den einzelnen Häusern wird auf kreative Art und Weise die Wissbegierde der Kinder gefördert und gestillt. Alle Häuser sind miteinander verknüpft, da Wissen nicht in voneinander streng getrennte Fächer aufgeteilt wird. In jedes Haus kommen täglich Fachkräfte aus der Wirtschaft, um Wissen in Bezug zur späteren Lebenswelt direkt zu vermitteln. In der erweiterten Lernstadt sind die unterschiedlichen Gewerke mit ihren Betrieben. Die Kinder können sich in Arbeitsgruppen eintragen und in einem bestimmten Rhythmus unterschiedliche betriebliche Abläufe kennenlernen und selbst entdecken, wo ihre Fähigkeiten liegen.

Der gesamte Campus ist ein Erfahrungsfeld für alle Sinne mit vielen Möglichkeiten für kreative Pausen und Raum zum Spielen und spielerischen Entdecken. Es gibt Herausforderungen, welche die Kinder motivieren, über sich hinauszuwachsen. In allen Häusern wird gelernt nach den neuesten wissenschaftlichen Erkenntnissen, wie Lernen hirngerecht funktioniert. So müssen keine Vokabeln mehr gelernt werden. Es gibt vielmehr das Erlebnishaus Englisch, in dem komplett Englisch gesprochen und gelebt wird. Nach den Lernstrukturen für Sprachen nach Vera Birkenbihl (eine Vorreiterin in der Entwicklung neuer Lernstrategien) wird in jedem Sprachenhaus gelebt. Auf dem gesamten Campus gibt es pädagogische Fachkräfte, aber auch andere Bezugspersonen wie toughe Rentner, welche in Kontakt und Austausch mit den Kindern treten, um sie zu unterstützen und das Bedürfnis nach Beziehung und Zugehörigkeit zu erfüllen.

Die gesamte Atmosphäre ist geprägt von Freundlichkeit und Wertschätzung. Jedes Kind hat eine Lehrkraft an seiner Seite, welche jedoch die Funktion eines Coaches hat, um den Lernprozess positiv zu begleiten. Es gibt feste Treffen mit dem Lerncoach, auch diese sind geprägt von Wertschätzung und Motivation. Überall gibt es künstlerische, musische und sportliche Angebote für die Kinder. Jedes Kind wird als einzigartiges Individuum gesehen und dennoch gibt es einen strukturierten Ablauf, welcher geprägt ist von Ritualen, denn diese geben Kindern die notwendige Sicherheit und Orientierung. Spielerisch und altersentsprechend umgesetzt fördern sie die Lernbereitschaft der Kinder. Die Rituale sind so vielfältig wie die Kinder. Es gibt die Möglichkeit der morgendlichen Meditation genauso wie das Ritual von bestimmten festen Tageszeiten.

Egal ob in der Lernstadt oder in einzelnen Schulen, es gelten ganz neue und andere Maßstäbe für die Beurteilung von Kindern. Es geht nicht mehr um Noten, sondern vielmehr um Fähigkeiten und Fertigkeiten. Schule steht im direkten Kontakt mit der Wirtschaft. Vor allem Jugendliche werden auf motivierende Art und Weise an zukünftige Berufsfelder herangeführt. Digitalisierung wird als ganzheitliches Konzept gelebt und vorgelebt. Das heißt, es werden innovative digitale Lernmethoden für die Wissensvermittlung genutzt und dennoch steht bei jeder Form des Lernens der Beziehungsaufbau als Grundlage für Lernen im Vordergrund.

Es gibt ein Portal, auf dem Kinder, Lehrer und Eltern vernetzt sind. Dieses dient der Transparenz und dem positiven und konstruktiven Austausch, um die Kinder bestmöglich unterstützen zu können. Eltern und Lehrer verstehen sich als ergänzende Partner in der Förderung der Kinder und nicht als Gegner. Dies spiegelt sich in einer wertschätzenden und zielführenden Kommunikation wider. In allen Ausbildungskonzepten von pädagogischen Berufen sind sowohl entwicklungspsychologische und traumatheoretische Grundlagen als auch die psychischen Grundbedürfnisse, Kommunikationskompetenzen und der Erwerb digitaler Fähigkeiten implementiert. Alle pädagogischen Fachkräfte wissen um ihre eigene Biografie und darum, dass Beziehungen immer ein Wechselspiel sind, in dem die eigene Biografie mitschwingt. Sie investieren in sich selbst und sind dadurch ausgeglichen und stressresilient.

Vielleicht mag das wie eine Utopie klingen. Vielleicht ist sie nicht realisierbar – zumindest nicht kurzfristig. Ich bitte Sie dennoch, Ihre Version von einer zukünftigen Gesellschaft nun vor Ihrem geistigen Auge entstehen zu lassen, bevor Sie im nächsten Kapitel lesen, was es zu tun gilt. Ich bin mir sicher, mit Ihrem Wunschziel vor Augen fallen Ihnen beim Lesen der nächsten Zeilen die nächsten notwendigen Schritte in Ihrem Schaffensbereich sofort ein, egal ob Sie Politiker, Elternteil, Hebamme oder Lehrer sind – vorausgesetzt, Sie wollen ein Teil der notwendigen Veränderung sein.

10

Was ist nun zu tun?

Können wir die pädagogische Klimakrise noch abwenden? Ist es überhaupt noch möglich, die Kurve zu bekommen und eine „neue" Gesellschaft zu kreieren? Die Zahlen und vor allem die Auswirkungen der aktuellen Situation auf unsere Kinder und damit auf die Zukunft unserer gesamten Gesellschaft sind ja sehr ernüchternd oder gar schockierend. In jedem Fall wird deutlich, dass eine Veränderung nicht nur von einer Person oder einem Bereich ausgehen kann. Vielmehr handelt es sich um eine gesamtgesellschaftliche Aufgabe von großer Dringlichkeit. Es wird Zeit aufzuhören, den schwarzen Peter irgendwo hinzuschieben mit den Worten: „Ja, wenn die Politik was ändert, dann ...! Vorher können wir leider nichts tun." Oder: „Gegen das wirtschaftliche Interesse einer Pharmalobby sind wir machtlos." Oder: „Eltern müssen ihre Kinder nur richtig erziehen." Oder: „Wenn Lehrer ihren Job nur anders machten." Oder, oder, oder.

Den Fehler bei anderen zu suchen, um selbst nicht aktiv werden zu müssen, degradiert jeden in eine selbst gewählte Opferhaltung. Hören wir doch endlich auf, mit dem Finger auf den anderen zu zeigen. Dies verstärkt nur die Spaltung in unserem Land, die durch

Corona sowieso schon fast unüberwindbar scheint. Diese Aufgabe können wir nur meistern, wenn jeder sich als Teil des Großen und Ganzen versteht, wenn wir uns zusammen auf die notwendige Veränderung fokussieren und uns nicht mehr auf Kriegsnebenschauplätzen bekämpfen. Es ist eben doch wie eine Art Haussanierung: Damit solch ein Projekt gelingen kann, sind alle Gewerke gefragt. Wenn die Elektriker sagen, wir legen erst Strom, wenn der Garten angelegt ist, wird die Gesamtarbeit boykottiert. Mit Sicherheit gibt es an der einen oder anderen Stelle eine sinnvolle Reihenfolge. Aber am Ende ist es notwendig, dass jeder seinen Teil zur Sanierung beiträgt und bestenfalls geht alles Hand in Hand mit einer gehörigen Portion Wertschätzung für all die Arbeit, die getan werden muss.

Und gerade der erste Schritt muss von uns allen getan werden: ein klares Ziel zu definieren. Wollen wir nur das Notwendigste sanieren oder soll es hinterher ein Energiesparhaus sein mit allem technischen Komfort und auf dem höchsten ökologischen Standard oder irgendetwas dazwischen? Dazu gehört auch, sich über die Werte unserer Gesellschaft Gedanken zu machen. Welche wollen wir leben – jetzt und in der Zukunft? Denn auch unsere Werte sind wähl- und anpassbar.

Die gute Nachricht ist, es ist alles schon da. Es gibt schon so viele wunderbare Studien, Skripte, Pläne und wissenschaftliche Expertisen, die belegen, was nötig und möglich ist. Sie müssen nur zu einem Gesamtbild zusammengefügt werden, um sowohl das Ziel als auch den Weg zur Erreichung des Zieles definieren zu können. Die Grundlage für den Erfolg liegt in einer Entscheidung: Wir alle, wir als Gesellschaft, wollen diese dringliche Veränderung zum Wohle unserer Kinder und somit auch zum Wohle unserer gesellschaftlichen Zukunft. Wollen Sie diese Veränderung? Und wollen Sie Teil dieser Veränderung sein und Ihre Verantwortung wahrnehmen?

Wenn Sie an dieser Stelle ein deutliches JA sagen können, dann ist der erste Schritt getan. Bewusst sollte uns nur sein, dass es nur gemeinsam im WIR geht. Kein „Gewerk“ ist allein verantwortlich und kann diese Mammutaufgabe allein stemmen. Und dennoch zählt jeder Einzelne und jeder Einzelne kann genau dort, wo er ist, beginnen, etwas anders zu machen, beginnen, die Sanierung in Gang zu setzen. Wenn ein progressives WIR, welches die Gemeinschaft will und dafür die Stärken des Einzelnen nutzt, eine adäquate Lösung für unsere Gesellschaft ist, sind wir bereits heute gefragt, in dieses WIR zu investieren. In Zeiten, in denen sich unser Land spaltet, scheint allein dies schon eine Mammutaufgabe. Wir sind alle gefragt, uns zu öffnen und neue Wege und Lösungen zu suchen.

Impulse zum Nachdenken

- *Bin ich bereit, selbst einen Beitrag für die notwendige Veränderung zu leisten und so Verantwortung zu übernehmen?*
  Verantwortung zu übernehmen heißt, nicht mehr auf die anderen zu zeigen und zu warten und sich aktiv aus einer Opferrolle zu befreien.

- *Was bin ich bereit, in Kauf zu nehmen?*
  Es wird etwas kosten, etwas zu ändern. Sind Sie bereit, die Kosten auf sich zu nehmen, sei es in Form von Zeit, Kraft und Energie, aber auch in Form von Gegenwind von denen, die noch nicht so weit sind und anders denken?

- *Welches Ziel haben Sie vor Augen?*
  Ohne Ziel wird es schwieriger werden. Haben Sie ein Bild von einer zukünftigen Gesellschaft vor Augen oder reagieren Sie immer nur auf die täglichen Ereignisse? Entwickeln Sie eine Vision des Guten.

Wir alle und dennoch jeder Einzelne

Wir alle sind gefragt, sonst wird sich nichts ändern. Und dennoch fängt es bei jedem Einzelnen an. Unser Land spaltet sich zunehmend, scheint sich in zwei Lager aufzuteilen. Und es zeigt sich etwas, was latent schon immer da war: Wir sind schon lange ein Land der Rechthaber und Besserwisser. Allein die Art und Weise, wie wir beim Autofahren immer recht haben wollen, zeigt dies eindeutig. Es gibt auch schon lange eine Kluft zum Beispiel zwischen Lehrern und Eltern; Gespräche sind oftmals geprägt von Argwohn und Vorwürfen.

Es hilft, sich bewusst zu machen, dass jeder von uns seine Geschichte hat, umgangssprachlich haben wir alle „unser Päckchen zu tragen". Jeder Einzelne von uns trägt seine kleinen oder großen traumatischen Erlebnisse in sich. Wir sind selbst „Produkte" dieses Systems, welches auf Funktionieren ausgerichtet ist und oftmals ein tief in uns verankertes Gefühl von Wertlosigkeit hinterlässt. Das kann sich zum Beispiel zeigen durch den Gedanken: „Ich kann ja sowieso nichts ändern. Meine Meinung zählt nicht." Haben Sie schon einmal versucht zu schlafen, während eine Mücke um Ihren Kopf schwirrt? Mich hält dieses nervige Geräusch auf jeden Fall wach – viel mehr noch als die Angst vor dem Stich. Seien Sie die nervende Mücke. Halten Sie mit Ihrer Meinung nicht hinter dem Berg, wenn es um das Wohl unserer Kinder geht. Dies ist natürlich nicht unbedingt leicht, wenn der Funktionsmodus fest etabliert ist. Von daher ist es von großer Wichtigkeit, dass Sie Ihre eigene Biografie kennen und verstehen.

Persönlichkeitsentwicklung ist in aller Munde. Oftmals wird Erfolg, Reichtum und ein freies Leben versprochen, wenn man in die Auseinandersetzung mit seinen eigenen Verletzungen aus der Vergangenheit geht. Ich bin der Auffassung, dass jeder, der mit Menschen, also auch mit Kindern, arbeitet oder lebt, sich dem Thema der Persönlichkeitsentwicklung widmen sollte. In meiner Psychotherapieausbildung war dies ein fester Bestandteil, ein Pflichtteil. Dort wird es Selbsterfahrung genannt. Warum ist dies so wichtig? Unser bewusstes Handeln macht lediglich 20 Prozent unseres Seins aus. Zu 80 Prozent handeln, denken, sprechen wir aus unserem Unterbewusstsein heraus. Dieses wurde geprägt und gebildet durch unsere eigenen Erfahrungen in unserer Kindheit. Auch wir wünschen uns die Erfüllung unserer psychischen Grundbedürfnisse, und so handeln auch wir eben die meiste Zeit aus unserer eigenen Bedürftigkeit heraus. Wenn wir nun wollen, dass sich für unsere Kinder etwas ändert, wenn wir dazu beitragen wollen, dass unsere Kinder ein Betriebssystem entwickeln, welches sie stärkt und fördert, müssen wir uns zuerst der Herausforderung stellen, unser eigenes Betriebssystem auf den neuesten Stand zu bringen. Es ist sozusagen an der Zeit, ein Update zu fahren.

Ich selbst habe ein Kind mit Sonderausstattung, wie ich ihn liebevoll nenne. Er hat über zehn Jahre Medikamente bekommen, da er sehr früh eine ADHS-Diagnose erhalten hatte. Ich habe alles, was ich mir an Wissen angeeignet habe, in meine Erziehung einfließen lassen. Wir haben keine Therapieidee ausgelassen, alles ausprobiert. Er ist ein Kind, welches in unserem System aus dem Rahmen fällt, er funktioniert einfach nicht wie erwünscht. Seit zwei Jahren benötigt er keine Medikamente mehr, seit knapp einem Jahr besucht er eine Schule, in der er einigermaßen klarkommt. Was war der Gamechanger? Ich habe angefangen, in mich zu investieren. Ich habe meine Baustellen aufgeräumt, habe verstanden, warum ich bei seinem Verhalten so „hochgehe", was mich triggert. Ich bin dadurch viel entspannter und gelassener geworden und habe so die Grundlage geschaffen, ihn so begleiten und unterstützen zu können, dass er auch nicht mehr „hochgehen" muss.

Wenn das Betriebssystem unserer Kinder innerhalb der ersten sechs Lebensjahre durch die Übertragung unseres Betriebssystems konfiguriert wird, dann wird es Zeit, dass wir uns selbst auf den neuesten Stand bringen. Wir müssen verstehen, dass wir meistens aus Angst heraus agieren, ganz unbewusst und ganz ungewollt. Das angespannte Gespräch der Mutter mit dem Lehrer entwickelt sich nicht selten aus einer unterschwelligen Angst heraus: Angst vor Ablehnung, Angst, dass das eigene Kind schlechtgemacht wird, scheitern könnte, Angst, den Ansprüchen nicht gerecht werden zu können. Auch wir kämpfen mit den Folgen unserer Kindheit in Form von dysfunktionalen Glaubenssätzen und etablierten Werten, welche uns nicht immer dienlich sind – allesamt entstanden durch eigene, emotional sehr anstrengende Erlebnisse.

In meiner psychotherapeutischen Praxis habe ich am Ende mehr mit den Eltern gearbeitet als mit den Kindern. Meine Erkenntnis „Kinder entwickeln Störungen, weil wir sie in der Entwicklung stören" hat mein therapeutisches Verständnis komplett geändert. Ich habe Eltern geholfen, sich selbst zu verstehen und ihre eigenen Kindheitstraumen oder auch traumatische Erlebnisse der Geburt ihrer Kinder aufzuarbeiten. Der Effekt war immer derselbe: Den Kindern in diesen Familien ging es besser, sehr oft, ohne dass sie selbst Therapiesitzungen bei mir wahrgenommen hätten. Wir übertragen unbewusst unsere Traumata auf unsere Kinder, aber auch auf unser Gegenüber. Dies gilt für alle, Eltern, Lehrer und Erzieher, in beide Richtungen. Auch Politiker oder Unternehmer handeln aus ihrem Unterbewusstsein heraus, aus den eigenen Prägungen und schmerzhaften Erfahrungen des Unterbewusstseins. Wenn wir das erkannt haben, eröffnen sich ganz neue Möglichkeiten für Veränderung. Jeder trägt in sich eine große Veränderungskraft.

Auch unsere innen liegenden Werte können wir transformieren. Unsere Werte sind wichtig für unser Handeln, doch wir können uns jederzeit entscheiden, andere Werte in unserem Leben zu etablieren. Werte, welche jeden Einzelnen stärken und auch hilfreich für die Gemeinschaft sind. Von daher sei hier die Frage erlaubt, nach welchen Werten handeln Sie? Welche Werte bestimmen Ihr Leben? Dienen Ihnen diese Werte zum Guten? Oder tragen Sie noch alte Baustellen und hinderliche Glaubenssätze in sich, welche Ihnen das Leben schwer machen? Sind Sie bereit, bei sich selbst anzufangen und sich in Ihrer Persönlichkeit weiterzuentwickeln? Immer wieder einmal wird in der öffentlichen Debatte der Ruf nach einem Elternführerschein laut. Meines Erachtens wäre solch ein Führerschein überhaupt nicht notwendig, wenn wir ein gesundes Maß an Selbstreflexion in unserem Leben und auch in unserer Gesellschaft etablieren.

Sicherlich ist es schwierig, die Spirale zu durchbrechen. Denken wir den Gedanken von der Etablierung des Betriebssystems konsequent zu Ende, so sind wir das Resultat des Betriebssystems unserer Eltern und der Menschen, die uns betreut haben, diese wiederum ihrer Eltern und so weiter. Eine sich immer weiterdrehende Spirale, gefüttert mit den jeweiligen Herausforderungen der jeweiligen Generationen. Früher war es der Krieg, heute ist es die Pandemie. Konstant war in den letzten 100 Jahren auf jeden Fall der Fokus auf Fehler, so wie unser gesamtes Bildungssystem auf Fehler fokussiert ist. Wir haben von Kindertagen an gelernt, auf die Fehler zu schauen. Es gilt, diesen negativen Kreislauf zu durchbrechen. Dies geht nur durch Bewusstmachung. Wir dürfen uns bewusst werden, warum wir wie geworden sind. Was prägt unser Denken und Handeln? Ist dies hilfreich für uns und für unsere Kinder? Und wir dürfen uns bewusst machen, welchen Anteil jeder Einzelne an dem jetzigen Zustand unserer Gesellschaft und damit auch an der Entwicklung der krassen Zunahme von psychischen Belastungen bei unseren Kindern innehat. Da ist keiner ausgenommen, da wir alle entweder Eltern sind oder in einem Beruf arbeiten, der zum gesamtgesellschaftlichen Zustand beiträgt. Dies gilt nicht nur für die Hebamme oder die Lehrkraft, sondern auch für den Politiker oder den Unternehmer. Die gesamtgesellschaftlichen Wertvorstellungen ergeben sich aus den Wertvorstellungen der Einzelnen.

Solange die Mehrheit in unserer Gesellschaft auf ihrem Recht besteht, meint, der andere sei schuld an irgendetwas, solange das

Funktionieren einen so hohen Wert bei so vielen Menschen hat, wird Veränderung schwer zu etablieren sein. Die Veränderung für unsere Kinder und unsere Gesellschaft fängt bei jedem Einzelnen an. Sind Sie bereit, aus der Opferhaltung herauszukommen? Sind Sie bereit, Ihr eigenes Betriebssystem auf den neuesten Stand zu bringen? Sind Sie bereit, Ihre eigenen Wunden zu heilen und Glaubenssätze zu transformieren? Dann ist es alles möglich. Dann erst folgt der zweite Schritt. Dann können wir Antworten finden auf die Frage, was jeder in seinem Bereich tun kann, in dem er arbeitet oder lebt.

Impulse zum Nachdenken

- *Wo in Ihrem Alltag gibt es Trennendes und Verbindendes? Sind Sie bereit, sehr bewusst und aktiv alles spaltende Verhalten aufzugeben?*
  Spaltung entsteht durch Rechthaberei. Es ist eine hohe Kunst, seine Meinung klar zu äußern und dennoch seinem Gegenüber seine eigene Meinung zu lassen. Vielleicht ist es hilfreich, den kleinsten gemeinsamen Nenner zu finden oder die Beweggründe des anderen zu verstehen. Sie entscheiden, ob Sie eine Meinung haben oder recht haben wollen.

- *Wie sehr kennen Sie sich und Ihre Baustellen? Sind Sie bereit, um unserer Kinder willen, sich Ihre eigenen schmerzhaften Erfahrungen anzuschauen?*
  Kinder entwickeln Störungen, weil wir sie in der Entwicklung stören. Wir geben ihnen ungefiltert und natürlich auch unbewusst und ungewollt unsere eigenen schmerzlichen Erfahrungen weiter. Kinder in ihre Kraft zu bringen bedeutet als Erstes, sich selbst in die Kraft zu bringen. Ein erhöhtes Maß an Selbstfürsorge ist kein Egoismus. Es ist eine zwingende Notwendigkeit.

- *Was können Sie heute für ein stärkeres WIR in unserer Gesellschaft beitragen?*
  Jeder trägt das Bedürfnis nach Zugehörigkeit und Verbundenheit in sich. Oftmals reichen kleine Gesten der Verbundenheit. Schenken Sie anderen Menschen ein Lächeln und ein gutes Wort – es wird tausendfach zu Ihnen zurückkehren.

Die Haussanierung

Als Erstes gilt es, sich einen Überblick zu verschaffen bei einer Haussanierung. Es muss geprüft und gemessen werden: Gibt es feuchte Wände, welchen Zustand hat die Elektrik, wie sieht der Keller aus und so weiter. Das Interessante ist, dass es im Hinblick auf das Systemversagen rund um unsere Kinder diesen Überblick bereits gibt. So viele Studien belegen: Es ist fünf nach zwölf. In diesem Buch sind einige davon zusammengetragen, es gibt viele mehr. Viele Bücher wurden über den Istzustand geschrieben, viele Statistiken erstellt. Bodo Janssen beschreibt in seinem Buch „Die stille Revolution" sehr eindrücklich, wie schmerzhaft der Prozess sein kann, nach der Feststellung des Istzustandes in eine andere Art der Unternehmensführung zu kommen. Er hat in seinem Unternehmen zweimal eine Mitarbeiterumfrage durchgeführt. Beim zweiten Mal wusste er, er kam aus der Nummer nicht mehr heraus. Seine Mitarbeiter wollten einen anderen Chef. Den haben sie bekommen, da Herr Janssen sich der Aufgabe gestellt hat, sein Unternehmenshaus zu sanieren, beginnend mit einem radikalen Umdenken. Die Bestandsaufnahme in unserem Land ist da. Sie spiegelt sich in Umfragen, Wahlergebnissen, der Wirtschaft und auch in der nicht vorhandenen seelischen Gesundheit unserer Kinder.

Nachdem nun der Überblick über den Istzustand des Hauses erstellt ist, folgt der Plan, eingeteilt in Bauabschnitte. Ein Sanierungsauftrag muss auch erteilt werden. Einer muss ja am Ende die Kosten tragen und auch bestimmen, wie saniert werden soll. Wer kann in unserem Fall den Auftrag erteilen?

Wir. Wir als Gesellschaft. Wir zahlen ja auch die Rechnung durch unsere Steuern und Sozialabgaben. Wir leben in einem demokratischen Land und können Einfluss nehmen, auch wenn es manchmal nicht so scheint. Wir nehmen Einfluss durch Wahlen, können aber auch Petitionen ins Leben rufen und jeden Tag selbst etwas dazu beitragen, dass die Sanierung in Schwung kommt. Was wer genau tun kann, darum soll es in den nächsten Abschnitten gehen.

Impulse zum Nachdenken

- *Welche Informationen benötigen Sie noch, um den Istzustand unserer Gesellschaft in Hinblick auf unsere Kinder gut einschätzen zu können?*
  Als Eltern werden Sie Ihre persönlichen Erkenntnisse haben, welche Unterstützung und Veränderungen notwendig sind. Welches Wissen benötigen Sie zusätzlich zu Ihrer eigenen Erfahrung? Welches Zimmer müssten Sie sich noch etwas genauer anschauen, um zu wissen, wie sanierungsbedürftig es ist?

- *Sehen Sie sich als Auftraggeber und damit auch als Mitentscheider der Sanierung?*
  Als Steuerzahler sind wir auf jeden Fall die Finanzierer all dieser auch politischen Entscheidungen. Sie haben jedoch weitaus mehr Möglichkeiten, mitzuentscheiden und auch Aufträge zu erteilen. Kennen Sie Ihre Möglichkeiten? Bestimmt, wenn Sie zum Beispiel schon einmal eine Petition unterschrieben haben. Machen Sie sich sachkundig.

- *Sind Sie bereit?*
  Der Wille ist entscheidend. Sie können sich natürlich auch zurücklehnen und sagen: „Die anderen sollen mal machen." Aber dann dürfen Sie sich auch nicht wirklich darüber beschweren, was am Ende bei der Sanierung herauskommt. Ich hoffe, Sie sind bereit und packen mit an. Wenn dem noch nicht so ist, sei die Frage erlaubt: Was brauchen Sie, damit auch Sie loslegen?

Die Politik: Ein Dach, welches Schutz bietet

Der Fisch stinkt vom Kopf, heißt es so schön. Die letzten Wahlen zeigen deutlich, dass die Bürger nicht mehr wissen, wem sie wirklich vertrauen können. Und natürlich hat unsere Politik eine gewisse Verantwortung und Pflicht. In der Pandemie wurde diese Verantwortung sehr einseitig, auf die physische Gesundheit der Menschen ausgerichtet, gelebt. Ich erlebe, dass die Angst immer mehr wird. Ich nehme die Verbreitung von Angst wahr – teilweise sehr subtil und in Werbesätze verpackt, teilweise jedoch auch sehr klar und provokativ. Die Angst vor der Ausbreitung des Coronavirus und die Angst vor einer hohen Sterberate hat alle Entscheidungen dominiert. Überhaupt scheint Angst ein Thema zu sein, welches sich durch unsere gesamte Gesellschaft hindurchzieht: Den werdenden Müttern wird Angst vor der Geburt gemacht, um Planbarkeit und Wirtschaftlichkeit herbeizuführen. Die Angst vor dem Vergleich im Rahmen der PISA-Studie führt zu einer Fokussierung auf Noten und Leistung. Angst vor vermehrter Armut schafft Betreuungsplätze in Kita und OGS, damit beide Eltern einer Berufstätigkeit nachgehen können. Angst vor Schülern als Superspreader etabliert Maßnahmen, die der seelischen Gesundheit unserer Kinder schaden. Man könnte fast meinen, unser Land wird nicht von Politikern regiert, sondern von Angst.

Da unsere Politik jedoch genau diese Bestimmungen und dieses Mindset hervorbringt, sei die Frage erlaubt: Werden vielmehr unsere Politiker von Angst regiert? Der Angst, nicht wiedergewählt zu werden? Der Angst, den Zuspruch zu verlieren? Der Angst, die falsche Entscheidung zu treffen? Angst ist jedoch nie ein guter Ratgeber. Es ist jedoch müßig, darüber nachzudenken, was zuerst da war, das Ei oder die Henne. Genauso müßig ist es, zu erforschen, welche Angst bei wem und warum als Erstes da war. Wichtig ist nur die eine Frage: Wollen wir da rauskommen? Will die Politik und wollen somit auch die Politiker raus aus dem defizitären Angstdenken – hin zu einem visionären, lösungsorientierten Zukunftsdenken?

Nehmen wir noch einmal das Bild der Haussanierung. Das Haus wurde begutachtet und für dringend sanierungsbedürftig erklärt. Nun wird ein Bauunternehmer beauftragt. Dieser würde sich als Erstes mit einem Architekten, allen notwendigen Gewerken sowie mit Experten, zum Beispiel aus dem Bereich ökologische Sanierung, zusammensetzen. Gemeinsam würden sie überlegen, wie das sanierte Haus aussehen soll, welche Eigenschaften es nach der Sanierung haben soll. Sobald das Endergebnis feststeht, wird ein Plan mit Bauabschnitten erstellt: Wann muss welches Gewerk was leisten, damit der Bau zügig vorankommt? Welche Arbeiten können gleichzeitig verrichtet werden, welche bauen aufeinander auf und so weiter. Sobald der Plan erstellt ist, erteilt der Bauunternehmer die Aufträge und überwacht diese dann im weiteren Verlauf und schreitet ein, wo es notwendig ist, um das Projekt im Zeitplan und zufriedenstellend zu erledigen. Es benötigt einen „Bauunternehmer“, der den Startschuss gibt und den Überblick behält.

Die erste Aufgabe besteht darin, ein Gremium zu bilden mit allen notwendigen „Gewerken“. Alle, die es braucht, das Große und Ganze zu sehen und zu planen, müssen an einen Tisch. Hier darf die Hebamme ebenso wenig fehlen wie Personen aus der Wirtschaft, Kinderärzte, Bildungsexperten, Kinder- und Jugendlichenpsychotherapeuten, Gesellschaftswissenschaftler, Pädagogen und andere Experten. Dieses Gremium hat die Aufgabe, das Ziel der Sanierung festzulegen. Vielleicht braucht es hierfür vorab noch eine Erhebung oder Befragung, um sich einen wirklich guten Überblick über den Istzustand zu verschaffen. Für die Findung des Endziels sollten die neuesten Studien und Forschungsergebnisse berücksichtigt werden. Überblick und Weitblick sind vonnöten. Genau deshalb darf keiner fehlen, der in irgendeinem Sinn für die Entwicklung unserer Kinder mitverantwortlich ist. Die schwierigste Aufgabe wird es sein, dieses Gremium zielorientiert zu leiten. Dazu benötigt es diese eine Person mit Weitblick und mit dem Wissen um die vielen unterschiedlichen „Gewerke", mit einem guten Maß an Umsetzungsdynamik und Zielfokussierung.

Dies ist ein Prozess, der nicht auf Jahre festgeschrieben werden darf. Dann ist die Katastrophe unaufhaltsam. Die Pandemie hat gezeigt: Geschwindigkeit ist auch auf politischer Ebene möglich, wenn die entsprechende Dringlichkeit besteht. Haben wir alle und auch die Politik diese Dringlichkeit erkannt? Ich hoffe es sehr.

In meinem Bild des Hauses ist die Politik gleichzusetzen mit dem Dach. Ein Dach hat die Aufgabe, das Haus vor Regen, Sturm, Wind, Kälte und Sonne zu schützen. In meinem Verständnis sind die Politiker und die Politik dazu da, Schutz zu gewähren, auch Veränderungsprozesse zu schützen. Egal welche Aufgaben anstehen, die Politik bietet den Rahmen und damit den Schutz des Ganzen. Genau aus diesem Grund haben wir ein Grundgesetz, um die Rechte des Einzelnen zu schützen. Sobald in unserem Gremium das Gesamtkonzept entwickelt wurde, ist es daher an der Politik, die Bauabschnitte einzuteilen und die Aufträge zu verteilen und natürlich auch zu beschützen.

Nehmen wir den Digitalisierungstopf für unsere Schulen als Beispiel. Die Dringlichkeit und Notwendigkeit der digitalen Ausstattung unserer Schulen wurde erkannt und es wurden Mittel in entsprechender Höhe bereitgestellt. Nun kommt das Geld jedoch nicht an.

Hier ist es meiner Meinung nach Aufgabe der Politik, auch den Weg bis in die Schulen zu begleiten. Das heißt im Klartext: Wenn das Geld nicht abgerufen wird, muss der Grund hierfür gefunden und Änderungen vorgenommen werden. In diesem Fall hieße das eine Vereinfachung des Antragsverfahrens, zumindest nach meinem Kenntnisstand. So wie der Bauunternehmer die Aufgabe hat, täglich auf dem Bau nachzusehen, ob alles nach Plan läuft, die Arbeiten vollbracht werden, die Gewerke ordentlich arbeiten, so muss es auch Aufgabe der Politik sein, den Prozess sinnvoll zu begleiten oder begleiten zu lassen. Die Einstellung eines vertrauenswürdigen „Subunternehmers" ist auch eine Möglichkeit, ein Bauprojekt gut zu begleiten. Es muss die Möglichkeit der Kontrolle im Sinne der Verbesserung geben. Jedes Wirtschaftsunternehmen handelt nach dieser Prämisse.

Welche Maßnahmen im Einzelnen richtig sind, vermag ich an dieser Stelle nicht zu sagen, obwohl mir einige einfallen, die mir mehr als sinnvoll und notwendig scheinen. Die geeigneten Maßnahmen wird jedoch solch ein Gremium nach einer klaren Zielfindung schnell benennen können. In meinem Weiterbildungsinstitut vermitteln wir zum Beispiel Wissen und Methoden. Viel wichtiger jedoch als die Methoden ist die Haltung. Ist eine Haltung der Menschlichkeit und des Verstehens, der Liebe und des Respektes etabliert, ergeben sich die richtigen Methoden und Wege von allein. Ist das Ziel klar definiert, ergibt sich daraus der Weg. Ist das Ziel eine ökologische Kernsanierung, kommen andere Methoden zum Tragen als bei einer kostengünstigen Kernsanierung.

Es gab einmal Zeiten, in denen jede Partei für gewisse Werte stand. Diese Werte waren klar erkennbar in der Ausrichtung und in den Entscheidungen und Taten. Damit waren sie Richtschnur für die Bürger. Heute geht es nicht mehr um Werte – es geht um Programme. In meinen Augen ist es die dringlichste Aufgabe der Politik, zurückzukehren zu Werten, oder viel mehr noch, sich neu auszurichten auf Werte, die unsere Gesellschaft nach vorn bringen. Werte, die unsere

Kinder gesund an Leib UND Seele groß werden lassen. Hier ist jeder Politiker herausgefordert, herauszufinden: „Wofür stehe ich? Was will ich hier bewirken? Was sind meine Werte?“ Sind die Werte klar definiert und werden auch authentisch gelebt, ist eine Zusammenarbeit viel zielführender und effektiver. Wenn wir das Projekt „Pädagogische Klimakatastrophe abwenden“ wirklich angehen, benötigt es viel Motivation von allen Beteiligten. Ich hoffe, die Politik stellt sich dieser Herausforderung, bevor es zu spät ist.

Aber was heißt das konkret? Politik wird gemacht, gelebt und gefüllt von Politikern. Liebe Politiker, es geht um Sie. Übernehmen Sie Verantwortung. Ihre Haltung, Ihre Werte, Ihre Entscheidungen entscheiden über die Zukunft in unserem Land. Ich war erstaunt, dass im gesamten Wahlkampf 2021 Bildungspolitik nur eine kaum erwähnte Nebensache war. Bitte kümmern Sie sich nicht nur um das, was durch die Medien und Fridays for Future gepusht wird. Natürlich müssen wir der Klimakatastrophe entgegentreten, der pädagogischen Klimakrise aber auch. Die Folgen in beiden Bereichen sind ähnlich elementar und umfassend, wie hoffentlich die Ausführungen in diesem Buch zeigen.

Impulse zum Nachdenken für Politiker

- *Kennen Sie Ihre tieferen Beweggründe?*
  Es gibt eine tiefere intrinsische Motivation, um in der Politik aktiv zu sein. Wenn Sie Ihr Warum kennen, dann wissen Sie auch, wohin Sie wollen, und Ihr Ziel ist einfacher zu erreichen.

- *Lassen Sie sich durch Angst steuern oder nutzen Sie bewusst oder unbewusst Angst als politische Strategie?*
  Die Politik ist in letzter Zeit geprägt von Angst. Wenn Sie Ihre eigenen Ängste kennen, können Sie sich in Ihren politischen Entscheidungen frei davon machen und die eigenen Ängste

von Ihrer Aufgabe trennen. Wenn Sie Angst als ein adäquates politisches Mittel nutzen, hoffe ich, dass Sie überdenken, ob dies wirklich zielführend ist für unsere Gesellschaft.

- *Wie sehen Sie Ihre Aufgabe im Projekt Haussanierung?*
  Das eigene Selbstverständnis ist ausschlaggebend für Ihr politisches Handeln. Sehen Sie sich als Beschützer, werden Sie andere Dinge in den Fokus setzen, als wenn Sie sich als Handlanger oder noch etwas anderes sehen.

Impulse zum Nachdenken für Bürger

- *Nehmen Sie die Politik und die Politiker als Beschützer wahr?*
  Unsere Politik hat nicht den allerbesten Ruf. Gerade die Coronapolitik steht schwer in der Kritik. Die Politiker stehen vor der Aufgabe, gute Entscheidungen für uns alle zu treffen. Was machen Sie, wenn Sie mit den Entscheidungen nicht einverstanden sind, außer frustriert zu sein?

- *Nehmen Sie Ihre politische Verantwortung wahr?*
  Wählen gehen ist eine unserer Möglichkeiten, unsere politische Verantwortung wahrzunehmen. Ich erlebe immer mehr politikverdrossene Nichtwähler. Schimpfen Sie nicht auf die Politik. Überlegen Sie, wo und wie Sie mitwirken können, um positive Impulse zu setzen.

- *Wo können Sie, und wenn auch nur im Kleinsten, mitwirken?*
  Es gibt viele Möglichkeiten, auf der politischen Bühne mitzuwirken. Eine Unterschrift unter einer Petition ist eine. Eine andere ist, nicht zu schweigen. Mitwirken in einem Verband die nächste. Es muss ja nicht immer die große politische Bühne sein. Nehmen Sie da Einfluss, wo Sie sind.

Die Institutionen oder auch „Gewerke"

Müssen wir jetzt warten, bis der Bauunternehmer, die Bauunternehmerin gefunden ist und die Politik sich in Bewegung setzt? Sicherlich wäre es wünschenswert, wenn Veränderung von „oben" initiiert, angestrebt und auch in die Wege geleitet wird. Aber keiner muss darauf warten, dass ein anderer etwas tut. Wenn in unserem sanierungsbedürftigen Haus die Wasserleitung ein Loch hat und das Wasser nur so heraussprudelt, wäre es sogar fatal, auf ein Go von oben zu warten. Wir alle sind gefordert, da, wo wir sind, im Rahmen der Aufgabe, mit der wir betraut sind, sinnvoll und verantwortlich zu handeln. So, wie es bei einem Bau Elektriker, Maler, Maurer, Dachdecker und viele mehr gibt, so gibt es ganz viele „Gewerke", die zum Wohle unserer Kinder agieren können. Letztendlich sind alle gefragt, die irgendwo mit kleinen Menschen arbeiten. Als Institution ist der Kindergarten genauso gemeint wie die Schule, die Geburtsklinik, die Kinderklinik, die Hausaufgabenbetreuung und viele mehr.

Jetzt fragen Sie sich vielleicht, was die Einzelnen denn tun sollen und dass dies die Komplettsanierung vielleicht erschwert, wenn jeder einfach loslegt, wie er oder sie es für richtig hält. Das könnte sein. Aber es ist auch möglich, jedes Zimmer für sich zu sehen und zu sanieren. Und im Kleinem anzufangen ist besser, als alles beim Alten zu belassen. So kann jede Institution, die mit und für Kinder arbeitet, sich folgende Fragen stellen: Nach welchen Werten arbeiten wir? Welches größere Ziel verfolgen wir? Nach welchen Prämissen entscheiden wir? Auch hier ist die Etablierung von Werten elementar. Natürlich gibt es viele Auflagen und gesetzliche Bestimmungen. Natürlich wäre es schön und wünschenswert, wenn sich diese im Sinne des Kindeswohls änderten. Dann wäre vieles einfacher.

Aber heißt dies, dass jeder Institution die Hände gebunden sind, Veränderung innerhalb der bestehenden Strukturen zu initiieren? Es gibt so viele wunderbare Beispiele von Schulen, Kindergärten und anderen Einrichtungen, in denen Kinder betreut werden, die innerhalb der bestehenden Strukturen einfach alles anders machen. „Schule im Aufbruch“ ist so ein Beispiel. Dort sind Lehrer zu Coaches der Kinder geworden und ihnen wird ein Rahmen gegeben, in dem selbstständiges Lernen möglich ist. Gelernt wird in Lernbüros, und zwar altersübergreifend im Selbstlernmodus – natürlich von Lehrkräften begleitet. Die Kinder können selbst entscheiden, ob der eine Tag gut ist für Mathe oder eher für Deutsch. Hirngerechtes und kindgerechtes Lernen wird in diesem Modell gelebt.

Demnach muss nicht zwingend im Außen etwas geändert werden, bevor Veränderung zum Tragen kommt. Die wichtige Frage ist, nach welchen Prämissen und Werten wird gearbeitet? Geht es um Wirtschaftlichkeit und das Einhalten von Regeln, die keiner mehr versteht? Oder geht es um unsere Kinder und ihre Bedürfnisse? Geht es darum, einen Rahmen zu schaffen, in dem sich Kinder frei entwickeln können? Wahrscheinlich braucht es dazu ganz neue Konzepte, welche die Bedürfnisse von Kindern berücksichtigen, Konzepte, die ein optimales Entwicklungsklima für Kinder schaffen, Konzepte, die gleichzeitig aber auch wirtschaftlich sind. All dies ist möglich. Und es ist möglich, mit der Umsetzung zu beginnen: jetzt.

Ich höre in all den Gesprächen, die ich führe, immer viele „Aber“. „Aber wir müssen einen Lehrplan erfüllen“, sagen zum Beispiel Lehrer und Schulleiter. Ja, das stimmt. Am Ende muss momentan noch immer eine Leistung abrufbar sein. Aber der Weg zum Ergebnis hat ganz viel Spielraum. Als Modell sei hier noch mal „Schule im Aufbruch“ genannt.[69] Vernetzen Sie sich mit anderen Schulen, Kliniken oder Kindergärten, welche schon neue Wege gehen. Da gibt es inzwischen unterschiedliche Vernetzungsplattformen. Hier sind auch diejenigen gefragt, die als Leitung einer Einrichtung tätig sind – es liegt an ihnen, auf den neuen Wegen vorauszugehen.

„Aber wir müssen planen, kalkulieren und wirtschaftlich bleiben“, sagt die Geburtsklinik. Vielleicht braucht es hier mehr Druck nach „oben“. In meinen Augen darf und kann es nicht sein, dass wir zwischen der seelischen Gesundheit unserer Kinder und Wirtschaftlichkeit entscheiden müssen. Und gleichzeitig wird es auch hier Konzepte geben, die beides leisten können. Auch hier sind kreative Köpfe notwendig, die bereit sind, neue Wege zu gehen. Wieder ist die Frage: Was ist gewollt und welche Werte sollen gelebt werden? Kennen Sie die Werte in Ihrer Institution? Leben Sie diese vor und transportieren Sie diese an Ihre Mitarbeiter oder Kollegen? Oder kommt Ihnen als Erstes das „Aber“ in den Sinn? Das „Aber“, welches hemmt und lähmt? Jeder in seinem Fachbereich wird sein „Aber“ kennen, dieses „Aber“, das Veränderung im Keim erstickt.

Die Grundlage jedes „Abers“ ist meiner Erfahrung nach Angst. Vielleicht die gleiche Angst, die Politiker abhält, notwendige Schritte zu gehen. Angst vor Ablehnung, Angst, die Verantwortung entzogen zu bekommen, Angst, die Wirtschaftlichkeit nicht gewährleisten zu können, und wahrscheinlich noch ganz andere Ängste. Wir brauchen vor allem Mut und Innovation in dem Wissen, das Richtige zu tun – zum Wohle unserer Kinder und somit auch zum Wohle unserer Gesellschaft. Und auch in Institutionen gibt es einen Kopf, einen Entscheider oder eine Entscheiderin. Es ist maßgeblich, was Sie als Entscheider solch einer Institution wollen, welche Werte Sie leben wollen, welche Ziele Sie verfolgen wollen. Sie können und werden genug Möglichkeiten finden, alles anders zu machen, innerhalb der bestehenden Regeln und Strukturen – wenn Sie denn wollen.

Überlegen Sie, wie Ihr Zimmer in dem sanierungsbedürftigen Haus aussehen soll. Welche Werte wollen Sie leben? Welche Werte wollen Sie den Kindern weitergeben. Was sollen die Kinder lernen? Wie sollen sie es lernen? Was braucht es dafür? Ein neues Konzept? Fortbildung für die Mitarbeiter? Etablierung anderer Werte? Mit einem klaren Ziel kann Veränderung gelingen. Finden Sie die „Lücken“ in den Vorschriften und nutzen Sie sie. Schauen Sie mutig auf die Ängste, formulieren Sie Ihr „Aber“ und stellen Sie sich der Erkenntnis: Die Mutigen haben die Welt zum Guten verändert – schon immer.

Impulse zum Nachdenken

- *Sind Sie bereit, Verantwortung zu übernehmen?*
  Sie können auf die nächste gesetzliche Bestimmung warten oder direkt anfangen, alles zu tun, was in Ihrer Macht steht, um Veränderung in Gang zu setzen.

- *Nach welchen Werten richten Sie sich aus?*
  Unsere Werte entscheiden über unsere Taten. Die Wichtigkeit von Unternehmenswerten wird immer deutlicher. Setzen Sie sich gezielt mit Ihren Werten auseinander. Holen Sie Ihre Kollegen bzw. Mitarbeiter mit ins Boot. Entwickeln Sie gemeinsam Werte, die Ihre Institution nach vorn bringen.

- *Wissen Sie, wo und wie Sie innerhalb des Systems dennoch alles anders machen können?*
  Egal für welche Institution Sie verantwortlich sind, Sie können innerhalb aller Vorgaben alles anders machen und dennoch den Gesetzen entsprechend handeln. Wo ein Wille ist, ist ein Weg. Suchen und finden Sie den Weg zum Wohle unserer Kinder.

Die Fachkräfte oder auch „Facharbeiter“

Es gibt so wundervolle Lehrer, Erzieher, Hebammen, Krankenschwestern, Ärzte, Therapeuten, die einfach alles anders machen, obwohl das System nicht mitzuspielen scheint. Auch hier gilt: Keiner muss darauf warten, bis der Chef oder die Chefin die dringliche Veränderung in einer Institution einläutet. Jeder kann jetzt und sofort beginnen, die Dinge anders zu machen. Ich kenne unter anderem eine Lateinlehrerin. Sie hat sich das Sprachenlernen nach Vera Birkenbihl angeeignet,[70] eine hirngerechte Methode zum Erlernen von Sprachen, ohne Vokabeln auswendig lernen zu müssen. Sie hat diese Methode in ihrem Unterricht umgesetzt, in einer toten Sprache, in dem Wissen, dass das Endergebnis stimmen muss: Alle Kinder des Kurses müssen ein gewisses Level an Sprachkenntnissen erreicht haben. Sie hat es einfach gemacht und der Erfolg hat sie bestätigt. Ihr Kurs hat besser abgeschnitten als alle anderen Kurse zuvor in Latein.

Es gibt in der Tat viele Lehrkräfte, welche schon jetzt Unterricht erlebbar machen. Und dennoch stehen wir erst am Anfang aller Möglichkeiten. Mit hirngerechten Lernmethoden, die Freude bereiten und den Selbstwert von Kindern stärken, würde wahrscheinlich nur ein Viertel der jetzigen Lernzeit benötigt werden für ein besseres Ergebnis. Kinder wollen ja lernen und die Welt entdecken. Wir trainieren ihnen nur ihren Wissensdurst mit den starren Strukturen ab.

Sie sind Profi in Ihrem Bereich. Leben Sie es. Stellen Sie sich vor, Sie wären Gas- und Wasserinstallateur und Ihre Firma hätte den Auftrag, ein Bad zu sanieren. Es gibt klare Vorgaben. Während Sie arbeiten, stellen Sie eine undichte Stelle fest. Ein Rohr scheint ein kleines Leck zu haben. Sie können jetzt einfach weitermachen und sagen: Das ist nicht meine Aufgabe und Verantwortung – schließlich sind Sie nicht Chef. Nichts sagen bedeutet, pünktlich Feierabend machen zu können, keinen Ärger mit Kollegen, die vielleicht auch länger arbeiten müssen, oder mit anderen Gewerken, da die Wand noch mal geöffnet werden muss. Nichts sagen bedeutet aber auch, dass das Wasser langsam und unaufhaltsam in die Wand sickert und sich so dort irgendwann Schimmel bildet und die Bewohner des Hauses irgendwann erkranken können. Sie können sagen, Sie seien nicht verantwortlich, Sie seien nur ausführender Mitarbeiter. Und irgendwie wäre das auch okay. Weil auch Sie durch dieses Bildungssystem geprägt und auf Funktionieren ausgerichtet sind. Sie können aber auch Verantwortung übernehmen und entweder auf das Leck aufmerksam machen oder es direkt reparieren, um Schlimmeres zu verhindern, Folgen, die erst viel später sichtbar werden.

Genauso ist es mit unseren Kindern auch. Sie haben die Wahl. Übernehmen Sie Verantwortung, auch wenn es unbequem ist, weil Sie helfen wollen, die langfristigen Folgen abzuwenden. Ist Ihre Angst vor einer Entlassung oder Ärger mit den Kollegen größer, dann werden Sie wahrscheinlich so weitermachen wie bisher. Vielleicht merken Sie aber auch, dass Sie in solch einem Arbeitsumfeld nicht länger arbeiten wollen, und suchen sich eine neue Stelle, in einer Institution, in der andere Werte gelebt und in den Vordergrund gestellt werden. Die oben erwähnte Lateinlehrerin hat einen Versetzungsantrag an eine andere Schule gestellt. Nach ihrem Erfolg wollte sie an einer Schule arbeiten, in der flächendeckend auf neue Lernmethoden gesetzt wird und Kinder optimal unterstützt und gefördert werden. Ich kenne Hebammen, die sich jetzt Geburtscoach nennen, da die Auflagen für Hebammen ein Arbeiten maximal erschweren. Auf diese Weise können sie werdenden Müttern beratend zur Seite stehen und sie ermutigen und stärken, ihr Recht auf Selbstbestimmung während der Geburt anders in Anspruch zu nehmen. In unserer Traumapädagogik-Weiterbildung gibt es in jedem Kurs mehrere Teilnehmer, die während oder nach der Weiterbildung ihren Job wechseln. Sie können sich nicht mehr mit den Werten ihres Arbeitgebers identifizieren und mit der Art, wie mit den Kindern umgegangen wird. Sie haben die Folgen des langfristig tröpfelnden Wasserlecks erkannt. Andere wiederum bleiben bewusst da, wo sie sind, um im positivsten Sinne Veränderung mit nach vorn zu bringen.

Was braucht es also für die notwendige Veränderung? Gut ausgebildete Fachkräfte mit viel Mut und dem Herzen am rechten Fleck. Fachkräfte, die verstanden haben, welche Bedürfnisse Kinder haben, und bereit sind, diese zu stillen. Fachkräfte, die nach inneren Werten und nicht (nur) nach äußeren Normen handeln. Es braucht Sie als pädagogische Fachkraft mit all Ihrem Mut, Ihrem Wissen, Ihrer Intuition und Ihrem Wollen, für Kinder das Beste zu geben. Mir ist durchaus bewusst, dass viele Lehrkräfte und Pädagogen am Rande ihrer Kräfte sind durch die Pandemie. Sie alle haben so unendlich viel geleistet, mussten sich andauernd neuen Herausforderungen stellen und müssen es noch. Eine scheinbar unlösbare Aufgabe für uns alle. Doch gerade hier, wo es weiterhin keine wirklichen Strategien und Konzepte gibt, wo die seelische Gesundheit unserer Kinder völlig aus dem Blick aller Bestimmungen geraten ist, braucht es Mutige und Unerschrockene, die vorangehen, die es einfach anders machen, weil sie wissen, dass es richtig ist. Dies ist kein Aufruf, irgendwelche Hygienekonzepte an Schulen, in Kitas oder auf Geburtsstationen zu boykottieren. Es ist ein Aufruf für individuelle Lösungen. Es ist ein Aufruf, die seelische Gesundheit unserer Kinder für genauso wichtig zu erachten wie die physische Gesundheit.

Welches „Aber" haben Sie im Kopf und scheint für Sie eine Veränderung unmöglich zu machen? Auch hinter Ihrem „Aber" steckt eine Angst. Angst lähmt. Transformieren Sie Ihre Angst und finden Sie kreative und innovative Lösungen. Jede Mauer hat eine Öffnung in Form eines Fensters oder einer Tür. Wir haben uns oftmals so an den Anblick der Mauer gewöhnt, dass wir die Tür oder das Fenster nicht mehr sehen. Innerhalb unseres Systems gibt es so viel Freiraum, etwas anders zu machen. Suchen und nutzen Sie diesen Freiraum und machen Sie die Dinge einfach anders. Was soll Ihnen passieren? Denken Sie diesen Gedanken mal bis zum Ende: Was kann Ihnen schlimmstenfalls passieren?

Der wichtigste Indikator für eine gute pädagogische Arbeit – egal in welchem Bereich – ist die Beziehungsfähigkeit der Fachkräfte. Bindung geht vor Bildung jeglicher Art. Bindung und Zugehörigkeit sind die wichtigsten unserer Grundbedürfnisse, gleichzusetzen mit dem Bedürfnis nach Nahrung. Sobald dieses Bedürfnis nicht gestillt ist, wird das Notfallsystem aktiviert. Im Notfallmodus ist Lernen nicht möglich. Wenn es also etwas gibt, was jede Fachkraft sofort ändern kann, ist es dieses: Seien Sie den Kindern, mit denen Sie arbeiten, ein verlässlicher Partner, schaffen Sie eine Beziehungsebene.

Zeigen Sie sich menschlich und nahbar. Schließlich sind Sie auch ein Vorbild, von dem die Kinder lernen und Handlungen übernehmen. Schaffen Sie da, wo Sie arbeiten, egal ob auf der Geburtsstation, in der Kinderklinik, im Kindergarten, in der Schule oder in der OGS, ein Klima, in dem Kinder sich wohlfühlen und ihre Talente und Fähigkeiten entdecken können.

Dies ist nicht so aufwendig, wie oft vermutet wird. Oftmals höre ich in den Workshops bei pädagogischen Fachtagen in Schulen: „Dafür haben wir keine Zeit. Wir müssen den Unterrichtsstoff schaffen." Auch hier bedarf es eines Umdenkens. Beziehungsaufbau ist so leicht und benötigt nicht viel Zeit. Oftmals reicht ein Lächeln und ein „Schön, dass du da bist" für den ersten Schritt. Es kommt darauf an, wie wir Kinder sehen, als Leistungserbringer und Störenfriede oder als individuelle Wesen mit Fähigkeiten und Talenten, welche entdeckt werden wollen. Stimmt das Beziehungsangebot, gelingt Lernen viel leichter. Setzen Sie sich zusätzlich mit neuen Lernmethoden auseinander. Sie werden sehen, dass Lernen damit für beide Seiten auf einmal viel leichter und effektiver wird.

Sehen Sie Eltern nicht als Gegner oder als Versager, die ihre Kinder nicht richtig erzogen haben. Sehen Sie Eltern als Verbündete, mit denen Sie gemeinsam für unsere Kinder einstehen. Gehen Sie in das konstruktive, positive Gespräch, indem Sie zuerst die positiven Seiten des Kindes benennen. Wenn es Ihnen schwerfällt, etwas Positives zu finden, schauen Sie etwas genauer hin. Jedes Kind, auch das auffälligste, hat positive Seiten. Vielleicht hilft Ihnen auch der Gedanke, dass jedes Verhalten einen guten Grund hat, auch das anstrengende Verhalten mancher Kinder. Finden Sie diesen Grund und Sie werden einen ganz neuen Zugang zu dem Kind bekommen. Wenn Sie auf einer Geburtsstation oder einer Kinderstation arbeiten, finden Sie kleine Räume und Möglichkeiten, für die Kinder und die Eltern da zu sein. Es geht darum, Ängste zu nehmen und ganzheitlich aufzuklären.

Egal in welchem Bereich Sie arbeiten, auch hier ist die Frage, nach welchen Werten Sie handeln und welche Werte Ihre Arbeit definieren. Vielleicht fängt es mit der Frage an, warum Sie diesen Beruf überhaupt gewählt haben. Warum möchten Sie mit oder für Kinder arbeiten? Was ist das Ziel Ihrer Arbeit? Wo entdecken Sie, dass Sie zum „Funktionieren müssen" beitragen? In welchen Bereichen können Sie andere Signale setzen?

Es ist die Taktik der kleinen Schritte. Stellen Sie sich folgende Fragen: Wo kann ich heute beziehungsstiftend agieren? Wie oft habe ich heute schon ein Kind gelobt? Wie kann ich kleine Schritte der Veränderung in meinen Arbeitsalltag integrieren? Habe ich eine positive Haltung anderen Bezugspersonen gegenüber?

Eine mögliche Veränderung kann die Art und Weise Ihrer Kommunikation sein. Es heißt, es braucht zehn positive Worte, um ein negatives Wort wiedergutzumachen. Wir alle sind fehlerfokussiert groß geworden, Fehlerdenken ist Bestandteil unseres Bildungssystems. Am Anfang bedarf es etwas Anstrengung und Mühe, das Gute zu sehen und auch zu benennen. Vielleicht bedarf es auch, den eigenen Schmerz über zu viele negative Worte, den Sie selbst erlebt haben, zu heilen. Aber es wird mit der Zeit leichter, je öfter wir es machen. Unter einer Klassenarbeit können nicht nur Fehlerpunkte stehen, dort könnte auch ein Satz stehen wie „Gut gemacht" oder „Deine Rechtschreibung hat sich verbessert" oder irgendetwas anderes Positives. Auf der Geburtsstation helfen Worte der Ermutigung: „Sie schaffen das, Sie haben alles, was Sie brauchen in sich, um Ihr Kind gesund zur Welt zu bringen."

Unsere Worte haben eine ungeheure Macht – und dies von Geburt an. Wenn Sie den Eindruck haben, Sie wissen noch nicht genug, um den ersten Schritt zu machen, bilden Sie sich weiter. Auch in der Forschung dreht sich die Welt immer schneller. Seien Sie auf dem neuesten Stand, lernen Sie mehr über nicht verarbeiteten Stress, über Hormone während der Geburt oder was auch immer in Ihrem Berufszweig von Bedeutung ist. In zukunftsorientierten, wirtschaftlichen Unternehmen wird Fortbildung großgeschrieben. Sie können sich aber auch weiterbilden, wenn Ihr Chef es nicht fördert. Sie entscheiden über die Qualität Ihrer Arbeit. Als Kinder- und Jugendlichenpsychotherapeutin bin ich verpflichtet, mich regelmäßig weiterzubilden. Dies gilt auch für Ärzte. Viel wertvoller als eine Weiterbildungspflicht ist jedoch der innere Wunsch nach Weiterbildung und nach Wissen.

An manchen Stellen schafft auch eine klare Haltung eine neue Realität. Sagen Sie „Nein“, wenn Sie allein eine Gruppe in einer Kindertagesstätte führen sollen, auch wenn es nur für einen Tag ist. Sie können den Kindern nicht gerecht werden und verletzen schlimmstenfalls Ihre Aufsichtspflicht. Sprechen Sie offen, ehrlich und positiv mit den Eltern und auch mit Ihrer Leitung. Sie sind systemrelevant. Seien Sie sich gewiss, dass Sie eine neue Arbeitsstelle finden, wenn Ihre Haltung nicht erwünscht ist.

Impulse zum Nachdenken

- *Was benötigen Sie an Unterstützung?*
  Es gibt so viele neue Studien und Erkenntnisse. Haben Sie sich diese schon zu eigen gemacht? Benötigen Sie mehr Wissen oder mehr Austausch mit anderen? Sie sind, egal wo Sie arbeiten und was Sie denken, nicht allein. Vielleicht hilft es, sich zu vernetzen. Vielleicht ist es sinnvoll, eine Fortbildung zu besuchen. Wir leben im digitalen Zeitalter. Nutzen Sie dies für sich. Sie können jede Unterstützung bekommen, die Sie benötigen, wenn Sie sich auf die Suche machen.

- *Haben Sie mehr Angst oder mehr Mut?*
  Es braucht mutige Fachkräfte, Pioniere, die vorangehen und es einfach anders machen und dann wiederum andere anstecken. Angst beginnt in Ihrem Kopf – Mut auch. Sie haben die

Wahl, was Sie denken, die angstvollen oder die mutigen Gedanken. Lassen Sie sich durch dieses Buch ermutigen. Sie haben einen großen Einfluss auf das Wohl unserer Kinder durch die Art und Weise, wie Sie Ihren Job leben und füllen. Vieles, was hier an Schritten genannt wurde, geht nur mit einer gehörigen Portion Mut.

- *Kennen Sie Ihre Werte?*
  Je besser Sie sich und Ihre Beweggründe kennen, umso eher können Sie Veränderung leben. Steht bei Ihnen Professionalität im Sinne von Distanz, Leistung und Effizienz oben auf der Liste Ihrer Werte, werden Sie zu anderen Ideen kommen, als wenn bei Ihnen Beziehung, Kreativität und Ergebnisse weit oben stehen. Wie gut kennen Sie sich und Ihre Baustellen? Es ist doch spannend, dass das eine Kind anscheinend nur Sie ärgert, während ein anderes Kind eine Kollegin oder einen Kollegen zur Weißglut bringen kann. Es hat mehr mit Ihnen und Ihrer Geschichte zu tun, als Sie denken. Lernen Sie Ihre Geschichte kennen und Ihr Verhalten verstehen und Sie werden Kindern ein wunderbarer Wegweiser oder Begleiter sein können.

Die Eltern oder auch das „Fundament"

Liebe Eltern, Sie haben Großartiges geleistet, schon immer, aber vor allem in den Jahren der Pandemie. Aus unzähligen Gesprächen weiß ich, wie erschöpft und frustriert Sie sind und wie hilflos Sie sich oftmals fühlen. Deswegen möchte ich mich hier direkt an Sie wenden und Ihren Wert benennen. Sie sind das Fundament unserer Gesellschaft. Ohne Sie würde es hier nicht weitergehen. Die meisten von Ihnen sind beides, Eltern und Fachkraft, Eltern und Bestandteil der Wirtschaft, Eltern und Politiker. Damit tragen Sie die doppelte Verantwortung, aber auch die doppelte Chance auf Veränderung in sich.

In den letzten zehn Jahren meiner Tätigkeit als Kinder- und Jugendlichenpsychotherapeutin habe ich vor allem eine große Verunsicherung wahrgenommen bei Eltern, die nicht mehr wissen, was richtig ist, wie Kinder in den heutigen Zeiten gut begleitet werden können. Ich denke, es ist ein bisschen so wie in der Katzengeschichte: Wir Eltern haben vor lauter Regeln und Bestimmungen verlernt, auf unsere Intuition zu hören. Vom Grundsatz tragen Sie alles in sich, was Sie benötigen, um Ihren Kindern das zu geben, was sie brauchen. Gehen Sie also als Erstes auf die Suche nach Ihrer Intuition. Lernen Sie sich erst selbst wieder neu kennen. Sie haben alles, was Sie benötigen, um Kinder gut zu begleiten, in sich. Sie haben es allenfalls vergessen. Lernen Sie Ihre eigenen Wünsche und Bedürfnisse (neu) kennen.

Schauen Sie aber auch auf Ihre wunden Punkte. Diese zeigen Ihnen Ihr größtes Entwicklungspotenzial. Wenn Sie genau hinschauen, werden Sie erkennen, dass Ihre Kinder Ihnen Ihre wunden Punkte sowieso täglich spiegeln. Wenn wir diese an uns selbst kennen und akzeptieren, dann wird vieles leichter.

All das lässt natürlich die Folgen der Verstaatlichung unserer Kinder nicht verschwinden, aus der es ja keinen Ausweg zu geben scheint, da ja zum Beispiel die Schulpflicht gesetzlich verankert ist. Dies ist jedoch ein Trugschluss, da wir uns so oftmals still oder auch laut ergeben in: „Da sind wir machtlos." Wenn alle Eltern das Fundament des Hauses und somit unserer Gesellschaft sind, dann können wir nicht machtlos sein. Der erste Weg ist daher: raus aus der Angst. Nehmen wir das Beispiel des Gebärens. Ich könnte mir durchaus vorstellen, dass Sie durch die Informationen in diesem Buch Ihre Einstellung über eine Kaiserschnittentbindung geändert haben. Daran merken Sie, dass Informationen und Wissen in der Lage sind, Angst zu nehmen. Wenn wir nur die Nachrichten konsumieren und die Werbung, die uns bestimmte Werte suggeriert, dann ist es logisch, dass wir uns als machtlos erleben. Erweitern Sie Ihren Horizont.

Hören Sie Podcasts. Lesen Sie mehr Bücher. Vernetzen Sie sich mit Gleichgesinnten. Stärken Sie sich gegenseitig.

Eins ist mir an dieser Stelle wichtig: Es geht nicht darum, gegen etwas zu sein – sondern für etwas. Es ist nicht das Ziel, in den aggressiven Boykott zu gehen. Es ist vielmehr die Idee, zu wissen, dass ein starkes WIR in der Lage ist, alles zu verändern. Stellen Sie sich vor, nur die Hälfte aller Eltern würde ab heute Missstände nicht mehr still ertragen, sondern in ihre Kraft und Verantwortung zurückkehren. Natürlich hätte es einen krassen Effekt, wenn zum Beispiel die Hälfte aller Kinder nicht mehr in die Schule ginge als eine Art Streik und Signal, dass sich etwas ändern muss. Unsere Kinder sollten jedoch nicht Spielball unserer Veränderungsaktivitäten sein. Die Veränderung fängt woanders an.

Der erste Schritt sollte bei Ihnen zu Hause stattfinden. Vielleicht fangen Sie an, indem Sie sich folgende Fragen stellen: Welche Werte leben Sie Ihren Kindern vor? Wie wichtig sind Ihnen Noten und ein guter Schulabschluss? Viele Lehrer berichten, dass sie gerade von den Eltern nach dem Lockdown immer wieder nach abrufbaren Leistungen gefragt wurden. Ist dies wirklich so viel wichtiger als das Wohlbefinden und die Lernfreude Ihres Kindes? Wo können Sie Ihrem Kind den Druck nehmen? Wie können Sie sich verantwortlich in den Kindergarten oder in die Schule integrieren? Sind Sie aktiv bei Elternabenden? Wie wertschätzend kommunizieren Sie mit Lehrern oder Erziehern? Wie gut sind Sie vorbereitet auf eine anstehende Geburt?

Es gibt so viel, was Sie ab jetzt anders machen können. Sie sind wichtig und mehr als systemrelevant. Alle Eltern zusammen sind das Fundament unserer Gesellschaft. Sind Sie sich dieser Aufgabe und Verantwortung bewusst? Ich weiß nicht, was Ihr erster Schritt ist. Dies hängt sicherlich davon ab, wie alt Ihr Kind ist und welche Rahmenbedingungen in Ihrem Leben herrschen. Letztendlich geht es um ein neues Bewusstsein, eine neue Blickrichtung. Wo können Sie ab heute einen kleinen, neuen Schritt der Veränderung wagen? Es gibt so viel zu tun, so viele Möglichkeiten, sich zu engagieren. Sitzen Sie zum Beispiel beim Elternabend des Kindergartens oder der Schule und sind in Gedanken schon beim Sofa und dem Fernseher oder bei dem, was sonst noch alles zu tun ist? Sie können sich einbringen, Dinge hinterfragen, Positives anstoßen, sich engagieren in der Institution, in der ihr Kind so viel Zeit verbringt. Sie könnten anfangen, Lehrer oder Erzieher nicht als Gegner oder als Leistungserfüller Ihrer Ansprüche zu sehen. Gehen Sie in den Kontakt. Führen Sie konstruktive Gespräche, setzen Sie Impulse und teilen Sie Ideen zur Veränderung. Wenn Sie nicht gehört werden, machen Sie weiter, seien Sie die Mücke, die vom Schlafen abhält. Zeigen Sie Verständnis für die Herausforderung, die alle pädagogischen Fachkräfte meistern müssen. Entwickeln Sie ein neues Verständnis von „gemeinsam können wir Veränderung bewirken". Arbeiten Sie nicht gegeneinander, sondern miteinander. Dazu ist es sicherlich nötig, manche Vorurteile oder Urteile aufzugeben. Dies sollte mit einem höheren Ziel im Blick möglich sein.

Impulse zum Nachdenken

- *Sehen Sie sich als das Fundament der Gesellschaft?*
  Unsere Sicht auf uns selbst bestimmt unser Denken und Handeln. Wenn wir uns selbst als „nur" Hausfrau und Mutter sehen oder den Elternjob nebenbei machen und als persönlichen Luxus betrachten, werden wir wohl kaum anfangen, für unsere Rechte einzustehen. Ohne uns Eltern gibt es keine zukünftige Gesellschaft, denn ohne Kinder stirbt sie einfach aus. Ihr Job als Eltern ist der wichtigste Job, den es in unserer Gesellschaft gibt. Von Ihnen hängt die Zukunft ab. Stärken Sie sich selbst, indem Sie sich das immer wieder bewusst machen. Vernetzen Sie sich und stärken Sie sich gegenseitig. Wir fühlen uns immer so allein. Ich versichere Ihnen, es gibt noch viel mehr Eltern, welche an den gleichen Fronten kämpfen wie Sie.

- *Wie gut sind Sie zu sich selbst?*
  Nur starke Eltern können starke Kinder in das Erwachsenwerden begleiten. Persönlichkeitsentwicklung ist in aller Munde für mehr Erfolg und Wohlstand. In meinen Augen ist es die Pflicht jedes Elternteils, in sich selbst zu investieren, sich selbst zu kennen, seine Persönlichkeit zu entwickeln. Jetzt, mit 52 Jahren, würde ich sagen, ich wäre bereit und in der Lage, Kinder gut großzuziehen. Das Dumme ist, dass meine Kinder jetzt fast groß sind und ich ohne sie auch nicht zu all diesen Erkenntnissen gekommen wäre. Ihre Kinder spiegeln Ihnen Ihre inneren Schmerzpunkte und Baustellen. Seien Sie mutig und schauen Sie hin. Gehen Sie den Prozess der Heilung dieser Wunden, damit Sie diese nicht unbewusst und ungewollt auf Ihre Kinder übertragen.

- *Was denken Sie über Ihre Kinder?*
  Jedes Kind ist einzigartig und großartig in meinen Augen. Haben Sie mehr als ein Kind? Dann stehen Sie vor der Herausforderung, zwei oder mehr unterschiedliche Persönlichkeiten begleiten zu dürfen. Gleiche Grundregeln und Werte müssen aufgrund dieser Unterschiedlichkeit vielleicht auch unterschiedlich vermittelt werden. Dahinter steht die Frage, wie Sie Ihr Kind sehen. Sehen Sie es in seiner Einzigartigkeit?

- *Wo können Sie innerhalb der Norm Dinge anders machen?*
  Unser System hat Vorgaben, aber nicht alle müssen wir mitmachen. Sie können selbst Noten für unwichtig erklären. Sie können Lücken suchen oder eine andere Schule, welche Lernen schon jetzt kindgerechter umsetzt. Sie können eine andere Form der Kommunikation mit Lehrern und Erziehern anstreben, eine des Respektes und der Wertschätzung. Sie können sich engagieren in der Schule oder im Kindergarten und die Stimme

> erheben, wenn Sie Ungerechtigkeit gegenüber Kindern wahrnehmen. Seien Sie Fürsprecher Ihres Kindes und auch der Kinder, die keine Fürsprecher haben.

Die Wirtschaft oder die „Mauern"

Auch die Wirtschaft ist gefragt, sich an der Sanierungsarbeit zu beteiligen. Wenn die Wirtschaft die Mauern unseres Hauses bildet, ist sie für den Schutz unserer Kinder mitverantwortlich. Aktuell erlebe ich eine klare Trennung von Wirtschaftswesen und Sozial- und Bildungswesen. Sie sind jedoch untrennbar miteinander verknüpft. Die Wirtschaft sorgt mit ihrem „Ertrag" für die Finanzierung des sozialen Bildungswesens. Somit ist sie quasi auch die Bank, die die notwendigen Mittel für die Sanierung zur Verfügung stellt. Eine Bank legt ihre Finanzierungsbedingungen fest. Dies macht die Wirtschaft auch.

Leider liegt momentan der Hauptfokus auf der Ertragssteigerung im eigenen Unternehmen. So spielt die Pharmaindustrie in unserem Land eine große Rolle und ist Anführer der Symptombekämpfung aller gesundheitlichen Beeinträchtigungen, da dies ihre Kassen füllt. Gleichzeitig leert diese Strategie aber die Kassen der Gesundheitsfürsorge. Am Ende wird es für die Allgemeinheit immer teurer, da eine Symptombehandlung die nächste Symptombehandlung nach sich zieht – ein sich wiederholender Kreislauf. Die einzigen Gewinner sind die Unternehmen im Pharmabereich, da so immer weiter Geld in ihre Kassen gespült wird. Eine Behebung der Ursachen hingegen ist für das gesamtgesellschaftliche System immer kostengünstiger als eine Symptombehandlung, da es weniger Folgekosten gibt. Ein Wirtschaftsunternehmen würde immer den ursprünglichen Fehler in einer Produktionskette beheben, anstatt am schon fertigen Endprodukt herumzudoktern. Wirtschaftsunternehmen wissen, dass dies unterm Strich kostengünstiger ist. Hierzu ist jedoch der Blick auf die gesamte Produktionskette vonnöten. Wird nur auf einen Teil davon geschaut und versucht nur jede Abteilung für sich, gut dazustehen, kann es auch zur Symptombehandlung als Maßnahme kommen.

Genauso ist unsere Gesellschaft als ein Ganzes zu betrachten. Wenn nur der eigene Vorteil gesehen wird, ohne die gesamtgesellschaftlichen Folgen zu betrachten, bleiben wir da, wo wir sind. Wirtschaftsunternehmen sind meiner Meinung nach herausgefordert, sich als Teil des Ganzen zu sehen. Sie können einen entscheidenden Einfluss darauf haben, letztendlich auch durch ihre Finanzkraft, wie es in Zukunft um unsere Kinder bestellt ist. Sie werden auch die Nutznießer sein, da eine Veränderung ja heißt, dass die zukünftige Generation auch in der Lage ist, Wirtschaftsunternehmen durch ihre Problemlösestrategien, ihren guten Selbstwert und ihre Fähigkeiten im positivsten Sinne voranzubringen.

Welche Aufgabe haben nun die Wirtschaft und die einzelnen Wirtschaftsunternehmen? Bleiben wir bei dem Gedanken, dass die Wirtschaft die Mauern unseres Gebäudes bildet, welches Kinder gesund groß werden lässt. Auch hier ist ein Umdenken gefragt. Für stabile Mauern braucht es neue Konzepte für Berufstätigkeit. Hier war Corona uns dienlich, da viele Unternehmen gemerkt haben, dass Homeoffice keine schlechtere Alternative zur Präsenzkultur ist. Die Vereinbarkeit von Familie und Beruf hängt maßgeblich von der Gestaltung der Arbeitsumstände und der Firmenkultur ab. Die Verstaatlichung unserer Kinder dient den Firmen momentan. Die Kinder sind betreut, und dies ab einem Alter von einem Jahr, somit können beide Eltern der Berufstätigkeit nachgehen. Dies ist sehr einfach. Unternehmen müssen verstehen, dass sie sich damit langfristig schaden. Sie tragen so zu all den Langzeitfolgen der staatlichen Unterbringung bei, welche in diesem Buch beschrieben sind. Sind die Kinder dann in dem Alter, einen Beruf zu erlernen, sind es dieselben Betriebe, die sich dann über die mangelnde Ausbildungs- und Berufsfähigkeit der Jugendlichen beschweren. Wir müssen umdenken und uns als Gesellschaft als Einheit verstehen.

Wirtschaftliche Unternehmen tragen von Anfang an dazu bei, wie es um unsere Kinder bestellt ist, auch durch die Art und Weise, wie Firmen geführt werden. Es darf, kann und soll beides möglich sein: Beruf und Familie, und zwar auf eine Weise, dass Kinder nicht beeinträchtigt und Eltern in ihrer Rolle gesehen und unterstützt werden. Dazu braucht es familienfreundliche Konzepte. Alternativen gibt es bereits in einigen Firmen. In der Firma SAP mit über 23.000 Mitarbeitern gibt es zum Beispiel einen eigenen Kindergarten und viele andere interne Einrichtungen, welche dazu führen, dass die Firma ein Stück Familie wird und sich die Mitarbeiter nicht entscheiden müssen zwischen Beruf und Familie. Viele andere Firmen gehen ähnliche Wege und sorgen so für sehr zufriedene Mitarbeiter, welche wiederum wesentlich effizienter arbeiten, da sie sich nicht ständig um ihre Kinder sorgen müssen. Betriebe können so neue Maßstäbe setzen und eine gute Kinderversorgung in den Fokus stellen. Sie investieren damit gleichzeitig in ihre betriebliche Zukunft.

Firmen können Eltern stärken in unterschiedlicher Weise. Immer mehr Menschen streben eine Arbeit an, die sie als sinnstiftend erleben und die ihren Begabungen entspricht. Immer weniger Menschen möchten sich von Wochenende zu Wochenende hangeln und jeden Abend erschöpft aufs Sofa fallen. Was wären denn die Vorteile von Arbeitnehmern, die sich auf die Arbeit freuen, weil sie ihren Begabungen entspricht und für sie sinnstiftend ist? Die direkten Vorteile liegen klar auf der Hand: Solche Mitarbeiter sind motivierter und effektiver. Diese Mitarbeiter sind auch als Eltern entspannter und können besser für ihre Kinder sorgen. Stimmt jetzt noch die Kinderbetreuung, hat dies einen weiteren positiven Effekt auf die Arbeitsleistung, was wiederum die Unternehmensleistung steigert. Es ist also durchaus sinnvoll, in die Familienfreundlichkeit eines Unternehmens zu investieren.

Auch im Kontext der Wirtschaft geht es um ein WIR: um uns als gesamte Gesellschaft. Alles ist miteinander verbunden und steht in

Wechselwirkung zueinander. Wenn die Wirtschaft sich verantwortlich sieht für eine störungsfreie Entwicklung unserer Kinder, ist ein Investment in unser Bildungssystem ein Investment in die Wirtschaft des gesamten Landes. Die Bereitstellung der nötigen finanziellen Mittel zur Sanierung des Gebäudes, in dem unsere Kinder groß werden, geht uns alle an. Jede Firma kann ihren Beitrag leisten. Nehmen Sie Ihre Verantwortung neu wahr. Ich fordere Sie heraus, die Wirtschaftlichkeit Ihres Unternehmens nicht länger losgelöst von der gesamten Gesellschaft zu betrachten. Führen Sie ein Unternehmen? Wie können Sie es als Teil des Großen und Ganzen verstehen?

Vielleicht helfen diese Fragen: Wie können Sie Ihre Firma schon heute familienfreundlicher gestalten? Informieren Sie sich über die Konzepte und Modelle anderer Unternehmen und lassen Sie sich inspirieren von innovativen Ideen der modernen Firmenführung. Welche finanziellen Ressourcen kann Ihre Firma als Investition in die Zukunft bereitstellen? Sie können dies direkt tun, zum Beispiel mit einem eigenen betrieblichen Kindergarten mit einem guten Betreuungsschlüssel und genügend Platz für die Kinder sowie bestens ausgebildeten Pädagogen. Sie können familienfreundliche Arbeitsplätze schaffen mit flexiblen Arbeitszeiten, Homeoffice-Möglichkeiten oder Jobsharing-Modellen, um Eltern eine bessere Balance zwischen Kind und Job zu ermöglichen. Sie können auch in Bildung investieren. Es gibt genug Start-ups, welche sich mit neuen Lernformen und der Weiterbildung von pädagogischen und medizinischen Fachkräften beschäftigen. Diese können mit Wissen zum Beispiel bei der Programmierung von Lern-Apps oder auch finanziell unterstützt werden. Es gibt endlose Alternativen, wenn Sie kreativ sind. Stellen Sie sich einfach die Frage: Wie können Sie dazu beitragen, ein Teil der schützenden Mauern zu werden zum Wohl unserer Kinder?

Vielleicht sind Sie kein Unternehmer oder keine Unternehmerin, kein Geschäftsführer oder keine Geschäftsführerin. Dennoch können Sie etwas tun: Sie können aufmerksam machen oder vielleicht sogar neue Möglichkeiten anregen oder einfordern. Sie können da, wo Sie jetzt arbeiten, Ihren Teil zur Wirtschaftlichkeit beitragen und investieren so auf die eine oder andere Weise mit in die Zukunft unserer Kinder. Es ist an der Zeit, Stellung zu beziehen. Sie können dort, wo Sie jetzt sind und arbeiten, neue Werte etablieren durch Ihre Sicht der Dinge. Vielleicht ist es auch an der Zeit, zu einer Firma zu wechseln, welche andere Werte unterstützt. Seien Sie mutig und gehen Sie neue Wege.

Impulse zum Nachdenken

- *Wie sieht Ihr Unternehmen Familie?*
  Solange Familie als Einschränkung der Wirtschaftlichkeit gesehen wird, wird Veränderung schwierig. Viele Firmen sehen nur die möglichen Ausfallzeiten durch Schwangerschaft, Geburt und kranke Kinder. Eltern zeigen sich jedoch sehr verantwortungsbewusst. Gerade Mütter sind wahre Managerinnen, da sie ja so viele Aufgaben tagtäglich unter einen Hut bringen müssen. Meistens sind Eltern auch wesentlich loyaler. Sehen Sie die positiven Eigenschaften des Elterndaseins und überlegen Sie, wie Sie Eltern stützen, fördern und zum Wohl aller einsetzen können.

- *Wo und wie können Sie Angestellte mit Kindern in Ihrem Betrieb unterstützen?*
  Corona hat Homeoffice möglich gemacht. Sprechen Sie mit Ihren Mitarbeitern, ob Homeoffice auch nach der Pandemie eine Alternative und Unterstützung für Eltern sein kann. Wenn Sie einer großen Firma vorstehen, denken Sie über eigene Betreuungsmöglichkeiten und die Einrichtung einer Kinderkrippe nach. Setzen Sie neue Standards für die Integration von Familie und Beruf. Die ganze Firma wird davon profitieren.

- *Wo können Sie investieren?*
  Jede gesunde Firma investiert einen Teil der Gewinne in das eigene Unternehmen. Nur so können die Standards stetig verbessert werden und ein Unternehmen langfristig am Markt bestehen. Eine Investition in bessere Bildung und Begleitung unserer Kinder ist ebenso eine Investition in das eigene Unternehmen. Es gibt Firmen, die Ihren Auszubildenden zusätzliche Angebote, besonders im Bereich der Persönlichkeitsentwicklung, zukommen lassen. Diese Unternehmen haben verstanden, dass sie ein wertvolles Investment in ihr eigenes Unternehmen tätigen. Eine weitere Möglichkeit ist die Unterstützung von Start-ups, welche sich mit innovativen Bildungsmöglichkeiten auseinandersetzen. Eine Firmenbeteiligung kann hinterher sogar wieder Gewinne einspielen.

Ausbildungsinhalte

All die angestrebten Veränderungen setzen natürlich entsprechende Fachkenntnisse voraus. Wenn wir ein Haus ökologisch sanieren wollen und über keine entsprechenden Fertigkeiten und Kenntnisse verfügen, würde der Wille allein nicht ausreichen. Die Forschung der letzten Jahre und Jahrzehnte hat im Bereich Psychologie und Biologie erstaunliche Fortschritte gemacht. Wir haben umfassende Erkenntnisse erlangt, „wie der Mensch funktioniert", und dies nicht in Bezug darauf, wie eine Virusinfektion sich verbreiten kann. Leider ist ein Großteil dieser Erkenntnisse nicht in unser praktisches Leben eingeflossen. Die etablierten Berufsausbildungen und Studiengänge haben sich kaum verändert. Auch hier dauern Veränderungen und die Etablierung von weiterführenden Inhalten wie Entwicklungspsychologie, neue Lernmethoden und die Wichtigkeit auch von psychischen Grundbedürfnissen viel zu lange. Vor allem die Ausbildung aller, die mit Menschen arbeiten, ist stark veränderungsbedürftig.

Alle Menschen, die mit Menschen arbeiten, sollten grundlegende Kenntnisse über die Psyche des Menschen und über Entwicklungspsychologie besitzen. Nur so ist es möglich, Methoden in einen entsprechenden Kontext zu setzen. Man käme ja auch nicht auf die Idee, einem Installateur alles über Abflüsse und Wasserinstallationen beizubringen, ohne ihm die Dynamik von Wasser zu erklären. Jetzt mag der eine oder die andere vielleicht sagen: Die Eigenschaften von Wasser sind doch klar und für jeden logisch. Aber auch hier gibt es immer neue Erkenntnisse durch die aktuelle Forschung. Was den Menschen angeht, so scheinen wir zusätzlich viel von einem intuitiven Verstehen wieder verlernt zu haben. Um unseren Vergleich noch einmal heranzuziehen, ist es so, als hätten wir vergessen, welche Kraft und Macht Wasser hat. Das liegt tatsächlich gar nicht so fern, wenn wir an die Flutkatastrophe des Jahres 2021 denken. Wir haben Häuser und Betriebe nah an Flüssen gebaut und uns sicher gefühlt. Wir haben nicht mehr berücksichtigt, welche Macht das Wasser haben kann.

Im Umgang mit Menschen scheint es ähnlich zu sein: Wir haben vergessen, was wir selbst benötigen, um gesund groß zu werden. Gleichzeitig ist Forschung in bisher unergründete Tiefen vorgedrungen, um menschliches Verhalten wirklich verstehen zu können. Das heißt, wir haben wie nie zuvor die Chance, uns gemeinsam auf ein neues Level der Menschlichkeit zuzubewegen. Dazu ist es dringend erforderlich, dass Ausbildungen reformiert werden. Relevante Ausbildungsberufe und Studienlehrgänge sollten dieses Wissen integrieren. Ein Lehramtsstudium muss viel mehr sein als ein Fachstudium in einem Bereich wie Mathematik oder Geschichte, eine Erzieherausbildung muss viel mehr beinhalten als die Grundzüge pädagogischen Wissens und das Ausgestalten von Angeboten für Kinder. Jede Form von Berufsbildung, welche darauf abzielt, hinterher mit Menschen und vor allem mit Kindern zu arbeiten, sollte die neuesten Erkenntnisse über das menschliche Sein, aber auch über die neuesten

Lernmethoden enthalten. Auch in puncto Digitalisierung gibt es Nachholbedarf, denn für eine sinnvolle Umsetzung von Digitalisierung an Schulen braucht es mehr als die entsprechende Hardware.

Die Reformierung der Ausbildungen und Studiengänge ist schnellstmöglich zu vollziehen, die jetzigen Fachkräfte müssen schnellstens weitergebildet werden. Weiterbildungsinhalte müssen pädagogische und didaktische Konzepte des Lernens und auch des Online-Lernens enthalten. Um den zunehmenden Verhaltensauffälligkeiten von Kindern und Jugendlichen begegnen zu können, benötigen Lehrer, Pädagogen und Erzieher Wissen und Kompetenzen. Enttäuschenderweise sind die finanziellen Ressourcen, die zum Beispiel den Schulen für Weiterbildung zur Verfügung gestellt werden, gering. Weiterbildung sollte in diesen Berufen eine feste und verpflichtende Komponente sein, genauso wie Ärzte und Psychotherapeuten sich immer weiterbilden müssen, um auf dem neuesten Stand der Forschung zu sein. Das Wissen um gehirngerechtes Lernen wäre mit Sicherheit in allen Bereichen des Lernens hilfreich, egal ob im Kindergarten, in der Schule, Berufsschule oder in beruflicher Weiterbildung. Langfristig ist auch dies ein Investment in die Zukunft und schont finanzielle Ressourcen. Mit dem nötigen Wissen würde, so ist zu vermuten, zudem die Motivation der betroffenen Berufsgruppen steigen und die Burn-out-Rate sinken.

Aber auch Kinderkrankenpfleger, Hebammen, Ärzte und Erzieher benötigen Grundkenntnisse des menschlichen Seins. Wir müssen anfangen, den Menschen als eine Ganzheit aus Geist, Körper und Seele zu verstehen. Wir Menschen stehen in Wechselwirkungen miteinander. Psychotherapeuten sind in ihrer Ausbildung zur Selbsterfahrung verpflichtet. Wir müssen uns unsere „Baustellen“ anschauen, um sie in der Wechselwirkung mit unserem Gegenüber im therapeutischen Setting zu verstehen. Dies wäre in meinen Augen wünschenswert für alle Menschen, die mit Menschen arbeiten.

Wie kann nun die notwendige Reformierung der Ausbildungen und der Studiengänge gelingen? Müssen wir auch hier warten, bis sie von „oben" initiiert wird? Mit Sicherheit nicht. Auch hier geht es um die Übernahme von Verantwortung, da wo Sie gerade sind. Vielleicht beginnen Sie mit der Frage, ob Sie schon einmal in sich selbst investiert haben? Egal in welchem Berufsfeld Sie arbeiten: Haben Sie sich weitergebildet und über den Tellerrand hinausgeschaut? Sie können gut zu sich selbst sein und in Weiterbildung investieren. Es gibt diesbezüglich sogar finanzielle Unterstützung in Form von Bildungsschecks und Sie haben auch einen regelmäßigen Anspruch auf den sogenannten Bildungsurlaub. Vielleicht haben Sie Auszubildende in Ihrem Betrieb. Sie könnten diese unterstützen, ihnen mehr beibringen als das, was die Berufsordnung verlangt. Vielleicht sind Sie für Mitarbeiter verantwortlich? Dann könnten Sie betriebliche Weiterbildungen initiieren.

Egal wo Sie gerade stehen, stellen Sie sich folgende Fragen: Wann habe ich das letzte Mal über den Tellerrand geschaut? Wie viel weiß ich über die neuesten Forschungs- und Studienergebnisse in meinem Berufsfeld, aber auch über das menschliche Sein? Bin ich ein Mensch, der sich überhaupt weiterentwickeln möchte? Oder bin ich mit dem Status quo zufrieden? Letzteres kann ich mir kaum vorstellen, sonst würden Sie dieses Buch nicht bis hierher gelesen haben. Lassen Sie nicht zu, dass sich nur die digitalen Dinge in unserer Gesellschaft immer schneller und schneller entwickeln. Steigen Sie ein in den Lernprozess. Lassen Sie uns zusammen unseren Kindern vorleben, wie zielführend und sinnstiftend es ist, sich stetig weiterzuentwickeln, beruflich wie privat.

Ich habe selbst sehr viel „falsch" gemacht in der Begleitung meiner Kinder. Ich habe sie früher auch unter Druck gesetzt, schulische Leistungen von ihnen gefordert und vor allem, dass sie sich dem Schulsystem anpassen und funktionieren. Auch sie tragen ihre Brandmarken durch ein System, welches sie optimieren wollte und reguliert hat. Mein unbändiger Wissensdurst hat mich vieles erkennen lassen. Heute würde ich meinen Kindern andere Werte vermitteln. Durch diesen Wissensdurst erleben meine Söhne jedoch auch einen Menschen, der sich entschuldigen und verändern kann. Er hat mich dahin gebracht, wo ich jetzt bin, von der Augenoptikerin über die Psychotherapeutin hin bis zur Unternehmerin.

Sie können genau da, wo Sie jetzt sind, dazu beitragen, dass Ausbildungsinhalte sich ändern, indem Sie selbst anfangen, sich weiterzubilden, und es dann genau da, wo Sie jetzt sind, einfach anders machen als bisher. Sie tragen die Veränderungsmacht in sich.

Impulse zum Nachdenken

- *Wo und wie können Sie schon jetzt zu veränderten Ausbildungsinhalten beitragen?*
  Egal ob Sie Lernender sind oder Lehrender, Unternehmer, der ausbildet, oder Elternteil: Nehmen Sie Einfluss. Es ist so viel Spielraum in unserem System. Ich habe zu den üblichen Ausbildungsinhalten meiner Auszubildenden zusätzliche Inhalte festgelegt, weil ich der festen Überzeugung bin, dass eine Bürokraft der Zukunft diese Fähigkeiten beherrschen muss. Sie können zusätzliche Inhalte einführen oder auch einfordern. Seien Sie nicht zufrieden mit Wissen, das schon seit Jahren überholt ist. Dazu ist es natürlich hilfreich, wenn Sie sich selbst informieren und auseinandersetzen mit neuesten Studien und den Anforderungen der Zukunft.

- *Wie groß ist Ihr eigenes Interesse an Weiterbildung?*
  Die Neugier steht immer am Anfang von Lösungen, die gefunden werden wollen. Bleiben Sie neugierig, lassen Sie sich inspirieren, entdecken Sie die Welt jeden Tag neu. Sobald Sie merken, dass Lernen lebenslang große Freude bringt, werden

Sie Veränderungen bei sich bemerken. Wenn jeder seinem natürlichen Wissensdurst nachgeht, haben veraltetes Wissen und veraltete Ausbildungsinhalte überhaupt keine Chance, da jeder Lernende dies durchschauen und Neues einfordern würde.

- *Wie kreativ sind Sie bei der Wissensvermittlung?*
  Es ergibt keinen Sinn, neuen Wein in alte Schläuche zu füllen. Jeder hat selbst schon erfahren, dass die Art und Weise der Wissensvermittlung einen großen Einfluss auf den Lernerfolg hat. Es bringt nichts, neueste Erkenntnisse mit alten Lehrmethoden vermitteln zu wollen. Setzen Sie sich mit hirngerechtem Lernen auseinander. So lernen Sie schneller und besser und sind in der Lage, Wissen spielerisch leicht zu vermitteln. Allein das würde schon einen riesigen Effekt herbeiführen.

Die Digitalisierung als ein Werkzeug

Die Digitalisierung ist nicht die Lösung der Probleme unseres Bildungssystems. Sie ist ein notwendiges Werkzeug, welches in der freien Wirtschaft schon lange sinnvoll genutzt und eingesetzt wird. Jeder Handwerker benötigt einen Hammer; mit ihm kann man alte Wände einreißen, also zerstören, oder einen Dachstuhl wieder aufbauen, also etwas erschaffen. Als es noch keinen Hammer gab, hat man Steine genutzt für einen ähnlichen Effekt. Digitalisierung in unserem Bildungssystem ist längst überfällig. Wir sollten die Steine weglegen und im digitalen Zeitalter ankommen und endlich einen modernen funktionalen Hammer nutzen. Genau wie bei einem Hammer ist es jedoch wesentlich, wofür und wie dieser eingesetzt wird. Wird etwas zerstört oder wird etwas erschaffen oder haue ich einfach sinnfrei ein paar Nägel in einen Baumstumpf, um zu zeigen, dass ich mit einem Hammer umgehen kann?

Vermutlich haben Sie verstanden, was ich meine: Es reicht nicht aus, genügend Tablets, Rechner und stabile Internetleitungen zur Verfügung zu haben. Diese Dinge sind das Werkzeug. Die Frage ist, was will ich mit diesem Werkzeug erreichen? Was soll bestenfalls erschaffen werden? Diene ich dem Werkzeug oder dient das Werkzeug mir? Damit mir ein Werkzeug dienen kann, muss ich den richtigen Umgang damit lernen. Ich wusste zum Beispiel lange nicht, wofür an einem Hammer die andere Seite mit den zwei Spitzen gut ist. Dann hat mir ein Zimmermann gezeigt, dass man damit Nägel wieder herausziehen kann. Wie werden diejenigen geschult, die das Werkzeug Digitalisierung nutzen?

Wir können mit der Digitalisierung die Bildungsschere und die psychischen Probleme unserer Kinder größer werden lassen durch die Art und Weise, wie wir mit ihr umgehen. Dies geschieht immer dann, wenn wir nicht dafür sorgen, dass jeder ein „Werkzeug" zur Verfügung hat. So wurden im Lockdown die sozial schwächeren Kinder abgehängt, die keine Endgeräte und stabilen Internetleitungen zur Verfügung hatten. Ihnen wurde somit gar nicht die Möglichkeit gegeben, in dem Spiel mitzumischen. Dies geschieht aber auch, wenn wir Digitalisierung für die Vergleichbarkeit und Vereinheitlichung nutzen oder nur um Arbeitsprozesse in Krankenhäusern zu optimieren. Verstehen Sie mich nicht falsch, all das ist mit Sicherheit auch gut und sinnvoll – aber eben nicht losgelöst betrachtet von den individuellen Menschen mit ihren individuellen Bedürfnissen.

Damit unsere Kinder einen guten Umgang mit digitalen Geräten und Medien lernen, müssen wir diesen zuerst erlernen. Mir ist das in vielen Momenten unfassbar schwergefallen, obwohl ich schon recht gut aufgestellt bin. Doch wir können uns nicht davor drücken. So wie wir früher mit Steinen in Felsen geritzt haben und dann zum Schreiben an Tafeln übergegangen sind, stehen wir jetzt vor der Herausforderung, den nächsten evolutionären Entwicklungsschritt zu gehen. Wir sind die Akteure und Digitalisierung dient bestenfalls uns und nicht wir dienen der Digitalisierung.

Was heißt dies konkret in der Umsetzung? Wir benötigen Konzepte für einen guten und sinnvollen Einsatz von digitalen Medien. In unserer Academy mussten wir pandemiebedingt auf Online-Formate umsteigen. Aus Erfahrung kann ich sagen, es braucht andere Methoden, Tools und eine andere Herangehensweise, um guten Online-Unterricht gestalten zu können, aber es ist durchaus möglich, online zu einem Erleben zu kommen, anstatt bei der Wissensvermittlung hängen zu bleiben. Derzeit arbeiten wir an einer E-Learning-Plattform mit künstlicher Intelligenz, welche alles Wissen über gehirngerechtes Lernen abbilden soll. Ich bin überzeugt, dass solche Formate die Zukunft sind. Lehrer, Erzieher, Pädagogen müssen darin geschult werden, wie sie Tablets und Co sinnvoll einsetzen. Es kann nicht das Ende der Weisheit sein, Arbeitsblätter zu „digitalisieren" – es geht darum, zu verstehen, wie Lernen durch digitale Medien unterstützt und gefördert werden kann.

Eine Schule hat zum Beispiel im Lockdown die Chance genutzt und ist digital gereist: Durch Webcams in Zoos oder an anderen sehenswerten Orten weit über Deutschland hinaus konnten die Schüler Exkursionen in fremde Welten machen. Eine von vielen Möglichkeiten. Digital ist es möglich, genauso in Interaktion zu gehen wie in einem Klassenraum. Es ist auch online möglich, eine Beziehung aufzubauen. Da Bindung für das Lernen unersetzlich ist, müssen neue Konzepte genau dies beinhalten: Bindungsaufbau. Auch die anderen Bedürfnisse nach Lustgewinn und Selbstwerterhöhung lassen sich digital wunderbar integrieren durch spielerische Einheiten und Level, welche es zu schaffen gilt. Wir stehen hier erst am Anfang aller Ideen und Möglichkeiten.

Wollen wir die Zukunft auch hier aktiv mitgestalten, ist es jetzt an der Zeit, sich mit diesen Dingen auseinanderzusetzen. Dies gilt nicht nur für unser Bildungssystem. Nicht umsonst erfreuen sich die sozialen Plattformen höchster Beliebtheit. Nun wäre es an der Zeit, soziale Plattformen zielorientiert für die unterschiedlichen Lebensbereiche zu kreieren. Eine mögliche Plattform wäre zum Beispiel eine, die Eltern vernetzt, Wissen bereitstellt über die Vor- und Nachteile der verschiedenen Betreuungsmöglichkeiten und die gleichzeitig ein Netzwerk zur Verfügung stellt, innerhalb dessen die geeignete Betreuung in der Nähe gefunden werden kann. Es gibt nahezu unbegrenzte Möglichkeiten und Ideen, wenn wir Digitalisierung als ein Werkzeug verstehen, das uns in unseren Prozessen unterstützt und weiterbringt.

Lassen Sie mich Ihnen also auch hier wieder ein paar Fragen stellen: Wie gut kennen Sie sich online aus? Nutzen Sie das Internet über die Möglichkeit des Bestellens von Waren und die Nutzung von WhatsApp und Co hinaus? Haben Sie schon einmal an einer Online-Fortbildung teilgenommen? Was waren die Tools, die Sie dort beim Lernen unterstützt haben? Was fanden Sie so richtig schrecklich? Spielen Sie schon mal am Handy ein Spiel zum Zeitvertreib? Was leben Sie Ihren Kindern im Umgang mit digitalen Medien vor? Unsere Kinder verstehen diese Dinge schon sehr früh und sehr intuitiv. Ich erlebe Tablets als vereinfachte Babysitter. Das ist einfach und bequem. Dies ist aber nicht gemeint mit einem hilfreichen Umgang mit diesen Dingen. Wir sind in der Verpflichtung, uns mit diesen Dingen auseinanderzusetzen, um unseren Kindern einen guten Umgang vorzuleben. Gleichzeitig sind wir herausgefordert, umzudenken. Digitaler Unterricht kann das Lernen leichter machen, wenn wir die Erkenntnisse des hirngerechten Lernens einfließen lassen und den Menschen mit seinen Bedürfnissen nicht außer Acht lassen. Genau dazu braucht es Menschen, die die Medien beherrschen, für sich nutzen und dennoch menschlich bleiben und Werte vermitteln. Sind Sie solch ein Mensch?

Impulse zum Nachdenken

- *Sehen Sie sich als digitales Vorbild von Kindern?*
  Unsere Kinder wachsen im digitalen Zeitalter auf. Sie lernen vieles viel einfacher und intuitiver als wir. Viele Erwachsene verfluchen insbesondere Social Media und Co. Ich denke, es kommt daher, dass wir diese Medien oftmals nicht verstehen und uns zu wenig damit auseinandersetzen. Wir können von unseren Kindern lernen, wie man die verschiedenen Tools bedient. Von uns könnten und sollten sie lernen, wie sie sich die digitale Welt sinnvoll zunutze machen. Dies geht aber nur, wenn wir uns selbst auskennen. Sonst hilft der Blinde dem Lahmen über die Straße.

- *Dienen wir der Digitalisierung oder dient die Digitalisierung uns?*
  Damit die Digitalisierung uns dienen kann, gilt dasselbe wie beim Thema Vorbild: Wir müssen uns selber auskennen. Solange wir den Sinn von Programmen nicht verstehen, werden wir sie nicht für uns nutzen können. Dann werden Programme uns vorschreiben, was wir zu tun haben. Wir haben ein sehr komplexes Planungs- und Verwaltungstool in unserer Academy und am Anfang haben wir uns sehr schwer damit getan – bis wir es für uns individualisiert haben. Jetzt dient es uns zur Verbesserung all unserer Abläufe. Am Anfang hat es viel Zeit gekostet, nun spart es Zeit.

- *Wie können Sie die Vermittlung von Werten auch digital erreichen?*
  Digitalisierung kann unsere Arbeit erleichtern und bereichern. Sie kann jedoch nur in einem geringen Maße zur Erfüllung der Grundbedürfnisse beitragen. Dazu braucht es Menschen mit Werten der Menschlichkeit, welche bereit sind, genau diese Menschlichkeit und Werte auch digital zu transportieren. Wenn

> wir das verstanden haben und Digitalisierung als Werkzeug zur Vereinfachung von Prozessen verstehen, um Zeit für das Miteinander zu gewinnen, dann gehen wir einen riesigen Schritt in Richtung einer digitalen und gesunden zukünftigen Gesellschaft.

Kommunikation als Grundlage

Unsere Worte haben eine ungeheure Macht. „Wer etwas zu sagen hat, sollte reden können" lautet der Werbeslogan des erfolgreichen Rhetoriktrainers Michael Ehlers. Er hat die Reden unserer Politiker während des Wahlkampfs zur Bundestagswahl 2021 analysiert und konnte auf der Basis von Wortwahl, Mimik und Gestik eine Aussage treffen, ob die Kandidaten gepunktet haben oder nicht. Es hat also durchaus Relevanz, was wir wie und wann sagen.

Wir alle kennen die Macht der Worte. Jeder hat schon einmal einen Satz gehört, der ihn bis ins Mark erschüttert oder zumindest nicht losgelassen hat. Beleidigende oder verletzende Worte, unachtsame Worte, welche ihre Spuren hinterlassen haben. Worte werden zu Gedanken und Gedanken bestimmen unsere Gefühle. In der Psychotherapie wird deshalb oft an den Worten gearbeitet, die wir uns selbst sagen. Wir sind nämlich nicht immer nett zu uns selbst und sagen uns Dinge wie „Ich bin dumm. Ich bin wertlos. Ich kann eh nichts tun. Mich will keiner. Das kann ich nicht" und vieles mehr. Die Worte, die wir anderen sagen, sind oft auch nicht netter. Unsere Kinder haben dabei ihre eigenen Sprachmuster, „du blöder Wichser" ist heutzutage schon fast ein Kosewort für einen guten Kumpel geworden. Leider. Als Beifahrer von manchen cholerischen Fahrern hört man nicht weniger obszöne Wörter, die dem „Penner, der seinen Führerschein im Lotto gewonnen hat", zugerufen werden.

Worte beeinflussen uns, ob wir wollen oder nicht. Das Mädchen in meiner Praxis, welches in der ersten Grundschulwoche ein Trauma erlitten hatte, war verletzt durch unachtsame Worte des Lehrers.

Diese Worte hatten sich in ihr festgebrannt, zusammen mit dem Satz: „Ich bin dumm." Ich bin mir sicher, dass dieser Lehrer dies nicht bewusst getan hat und schockiert wäre, wenn er wüsste, welche Auswirkungen seine Worte auf dieses Mädchen hatten. Die Sprache hat einen großen Einfluss auf uns und unsere Wahrnehmung. Unser Denken und Handeln kann schon von einzelnen Begriffen beeinflusst werden. Andere können uns zum Beispiel durch bestimmte Wörter gezielt manipulieren, ohne dass wir uns dessen bewusst wären. Umgekehrt können wir durch unsere Wörter auch manipulieren oder zumindest beeinflussen. Nehmen wir die werdende Mutter auf der Geburtsstation. Wie frei wird sie sich entscheiden, wenn sie zu hören bekommt: „Wenn Sie sich jetzt gegen einen Kaiserschnitt entscheiden, tragen Sie die volle Verantwortung, wenn Ihr Kind behindert zur Welt kommt." Keine Mutter möchte daran schuld sein, dass ihrem Kind etwas zustößt. Natürlich wird diese Mutter einem Kaiserschnitt zustimmen.

Wie könnte eine andere Kommunikation aussehen? Vielleicht so: „Wir haben einen kritischen Punkt der Geburt erreicht. Mit einem Kaiserschnitt können wir einige mögliche Komplikationen umgehen. Wir begleiten Sie aber auch weiter bei einer Spontangeburt mit all unseren zur Verfügung stehenden Mitteln." Unsere Wortwahl macht einen großen Unterschied. Und wenn wir ehrlich sind, sind wir alle richtig gut darin, negative Wörter auszusprechen. Worte, die Druck ausüben, Missfallen ausdrücken, das Negative in den Vordergrund stellen und einfach nicht schön sind. All diese Worte haben Auswirkungen. Sie hinterlassen Spuren. Besonders Kinder leiden unter diesem Negativismus, aber auch an uns Erwachsenen gehen diese Worte nicht spurlos vorüber. Besonders die unterschwelligen Worte zeigen eine Langzeitwirkung und beeinflussen unser Handeln.

Ich versuche, mich von vielen Medien fernzuhalten, in der Pandemie besonders. So viele negative Berichterstattungen mit dem Fokus, was alles schlimmer und schlimmer wird, macht eine positive Lebenseinstellung immer schwieriger. Nun kann ich entscheiden, ob ich den Fernseher oder das Radio anmache – unsere Kinder können den Lehrer oder die Erzieherin nicht einfach ausschalten. Sie sind unseren Worten hilflos ausgeliefert. Und unsere Wortwahl hat solche Macht.

Eines Morgens habe ich eine Gruppe Viertklässler gesehen. Sie hatten alle ihre Fahrräder dabei und es war wohl der Tag der Fahrradprüfung. Ich hörte eine Frau die Kinder anbrüllen: „Wir fahren jetzt zum Startpunkt. Wer sich nicht benimmt oder ein anderes Kind überholt, darf nicht an der Prüfung teilnehmen." Dann ergriff eine andere Frau das Wort: „Wisst ihr was, Kinder? Wir spielen heute Perlenkette. Wir fahren jetzt zum Startpunkt wie an einer Schnur und jedes einzelne Kind mit seinem Fahrrad ist eine Perle an der Schnur der Perlenkette. Sollen wir allen mal zeigen, was wir für eine schöne Perlenkette sind und wie wir in einer Reihe fahren können?" Die vorher demotivierten Kinder lächelten und nickten. Es ist so entscheidend, welche Worte wir wählen, obwohl wir das Gleiche bewirken wollen. Unsere Art der Kommunikation ist die Grundlage beziehungsweise der Beginn aller Veränderung.

Machen Sie einmal den Selbsttest. Achten Sie einen Tag bewusst darauf, wie viele Worte des Lobes, der Zustimmung und der Ermutigung aus Ihrem Mund kommen und wie viele Worte des Zweifels, der Beschimpfung oder Degradierung und der Verneinung. Wir sind quasi auf das Negative konditioniert. Wir unterstützen unsere Kinder lobend, wenn sie klein sind, beim Laufenlernen zum Beispiel. Da sagt keiner: „Du Depp. Hast du immer noch nicht begriffen, wie das geht? Einfach einen Fuß vor den anderen setzen." Da sagen wir eher so was wie: „Super. Du schaffst das. Du bist hingefallen? Nicht schlimm. Steh einfach wieder auf und versuch es noch mal. Ja super. Du schaffst das." Selbstgemalte Bilder werden gelobt und für Picassos gehalten, zumindest unseren Worten nach. Sehen können wir ein paar wilde, bunte Striche auf einem Blatt Papier. Dann kommt der Punkt, an dem der Druck wächst. Das Kind muss pünktlich angezogen sein, da die Zeit sonst nicht reicht. Die Hausaufgaben müssen erledigt sein, die Stifte gespitzt, die Hefte ordentlich. Und irgendwann rutscht unser Fokus auf das, was nicht geht, und dies spiegelt sich in unserer Sprache wider. Leider bleibt es dann so und ändert sich nicht wieder zum Guten. Wir lernen, was Worte bewirken, und nutzen sie unbewusst, um Druck auszuüben und um Ziele zu erreichen.

Aber brauchen wir dazu wirklich negative Worte? Ein positives Umfeld motiviert mehr. Wir können also jetzt sofort etwas zum Guten ändern, nur durch die Art und Weise, wie wir kommunizieren, mit unseren Kindern, aber auch als Erwachsene untereinander, zum Beispiel Eltern mit Lehrkräften und umgekehrt. Was würde passieren, wenn wir unserem Gegenüber Worte der Wertschätzung und des Respektes schenken? Ich meine damit nicht, dem anderen Honig um den Bart zu schmieren und sich einzuschleimen. Es geht darum, aufzuhören mit der Panikmache und dem Ausüben von Druck durch unsere Wortwahl. Lassen Sie uns Worte wählen, welche jedem eine wirkliche Wahl lassen. Ich kenne ganz wenige Menschen, welche mehr positive Wörter sprechen als negative. Aber genau das ist eine wunderbare Stellschraube, die jeder ab sofort einsetzen kann: als Mutter, als Vater, als Lehrkraft, als Erzieher, aber auch als Politiker oder Unternehmer – unsere Worte machen den Unterschied.

Impulse zum Nachdenken

- *Wie viele negative und wie viele positive Worte sagen Sie?*
  Lassen Sie eine Woche lang abends all Ihre ausgesprochenen Worte Revue passieren. Die an Ihre und an andere Kinder, an den Partner, an Kollegen, an Lehrer oder Erzieher und auch an andere Familienmitglieder. Führen Sie eine Woche Buch darüber, ob es Worte der Wertschätzung, Freundlichkeit und Ermutigung waren oder ob die negativen, einschüchternden,

degradierenden Worte überwogen haben. Sie werden entsetzt sein, wie viele Worte über Ihre Lippen gehen, die Sie gar nicht sagen wollten. Unser Unterbewusstsein ist gnadenlos auf das Negative getrimmt. Mit Achtsamkeit können Sie das Unterbewusste ins Bewusstsein holen und etwas verändern. Entscheiden Sie sich nach der Woche für eine bewusste positive Kommunikation. Beginnen Sie in einem Bereich und weiten Sie diesen Bereich dann immer weiter aus.

- *Welche Worte haben Sie bis jetzt hinuntergeschluckt?*
  Wir reden immer – auch wenn wir kein Wort sagen. Unser ganzer Körper redet durch unsere Mimik und unsere Körperhaltung. Das heißt, unser Gegenüber nimmt Dinge wahr, auch wenn wir sie nicht aussprechen. Uns wiederum machen nicht ausgesprochene Worte Beschwerden – so manches Magengeschwür ist entstanden, weil im wahrsten Sinne des Wortes immer alles geschluckt wurde, jeder Ärger, jedes Unverständnis und jede eigene Meinung. Trauen Sie sich. Verleihen Sie Ihrer Meinung eine Stimme. Sprechen Sie die Dinge aus, die Sie bewegen. Sie haben das Recht auf eine eigene Meinung. Wenn Sie es dann noch schaffen, dies nicht in Wut und Angst, sondern in Freundlichkeit und Empathie zu tun, dann werden Sie erstaunt sein, welche Türen sich auf einmal öffnen. Gerade unsere Kinder sehen uns an, wenn etwas nicht in Ordnung ist. Geben wir ihnen keine erklärenden Worte dazu, machen sie sich ihre eigenen Gedanken. Leider denken sie nie, dass der Erwachsene ein Problem hat. Sie denken fast immer, dass sie selbst das Problem für den Erwachsenen sind.

- *Wo können Sie Ihrer Meinung eine Stimme verleihen?*
  Gesamtgesellschaftliche Veränderung benötigt viele mutige Menschen, die nicht schweigen. Jedes Wort, das aufmerksam

macht, zählt, egal ob auf der Geburtsstation, im Kindergarten, in der OGS, im Eltern- oder Lehrergespräch, beim Elternabend oder wo auch immer es irgendwie um Kinder geht. Verleihen Sie Ihrer Meinung eine Stimme.

Verbindung schaffen

Überall beginnt die Veränderung. Es brodelt, überall ist Bewegung. Netzwerke schaffen ist eine Aufgabe der digitalen Gegenwart. Jeder denkt, er sei allein mit seinen Gedanken und Ansichten. Wenn wir uns allein fühlen, fühlen wir uns oft machtlos, obwohl wir mindestens die gleiche Wirkkraft haben wie eine Mücke. In einer Gemeinschaft jedoch fühlen wir uns stärker – im positiven wie im negativen Sinne. Würde nur ein Kind ein anderes ausgrenzen, hätte dies lange nicht den gleichen Effekt, wie wenn eine ganze Gruppe ein Kind ausgrenzt. So entsteht Mobbing, in der Macht der Gruppe.

Lassen Sie uns in Verbindung treten und Verbindungen schaffen. In jedem Bereich gibt es schon solche Netzwerke, da bin ich mir sicher. Wir können diesen beitreten oder ein neues gründen, wenn es in Ihrem Arbeitsbereich doch noch keines gibt. Für eine neue Art, Schule zu leben, habe ich „Schule im Aufbruch" benannt. Es gibt jedoch noch viel mehr Bewegungen. „Wir für Schule" hat bereits mehrere Schulhackathons durchgeführt.[71] Dort konnten und können sich alle aktiv beteiligen, um neue Schulkonzepte zu entwickeln, jeder kann seine Kompetenzen und Ideen einbringen. Die Initiative LernLust steht unter dem Motto „Schluss mit Null Bock auf Schule".[72] Es ist eine sehr junge Initiative, welche den Gedanken „Verbindung schaffen und in Aktion treten" in den Fokus gestellt hat. Hier treffen sich Gleichgesinnte, um darüber zu diskutieren, was die Schule von morgen benötigt. Es gibt inzwischen sehr viele solcher Initiativen, zum Beispiel „Schule neu denken". Es gibt auch genauso viele aktive Lehrer, Eltern und Pädagogen, die ihr Wissen kostenlos auf Twitter,

Instagram und Co zur Verfügung stellen. Jeder kann sich das Wissen für die notwendigen Veränderungen aneignen. Auch dies ist ein Vorteil und Kennzeichen der digitalen Gesellschaft: Wir sind nicht mehr allein auf die offiziellen Medien und deren Berichterstattung angewiesen. Erweitern Sie Ihren Horizont!

Im Kindergartenbereich gibt es ebenfalls Initiativen. Bei den „Kitahelden“ durfte ich schon einen Vortrag halten.[73] Hier kann man sich vernetzen und informieren über aktuelle rechtliche Bestimmungen, genauso kann man sich inspirieren und ermutigen lassen für den nächsten Schritt. Seien Sie sich gewiss: Sie sind nicht allein. Bei den Hebammen und Geburtshelfern kenne ich bis jetzt nur lauter wertvolle Einzelmenschen, welche ihr Wissen teilen. Vielleicht bedarf es auch hier eines Netzwerkes zum Gedankenaustausch und zur Ermutigung für werdende Mütter. Auf Plattformen wie Homodea[74], Eltern[75] oder Erziehung24[76] ist es ebenfalls möglich, sich sowohl Inspiration zu holen als auch in Verbindung zu treten. Machen Sie sich schlau. Suchen und finden Sie Gleichgesinnte, teilen Sie Ihre Meinung und Ideen mit. Sie werden erstaunt sein, wie viele Menschen mit den gleichen Fragen Ihnen begegnen werden. Hospitieren Sie in anderen Einrichtungen. Ich kenne Lehrer, welche nicht nur regelmäßig bei Kollegen im Unterricht hospitieren, um sich Inspiration zu holen. Sie gehen auch oftmals an andere Schulen, um zu sehen, wie die Pädagogen dort es schaffen, Schule kindgerechter zum Leben zu erwecken.

Viele haben Angst, sich über die Schulter schauen zu lassen. Ich frage mich wieso. Wir können so viel voneinander lernen und uns gegenseitig bereichern. Auch Unternehmen können voneinander lernen und in Verbindung treten. Mir ist zum Beispiel Bodo Janssen und sein Buch „Die stille Revolution“ eine Inspiration, wie ich mein Unternehmen wirtschaftlich gestalte und fit mache für die Zukunft. Auch hier gilt: Treten Sie in Verbindung. Andere Länder machen es uns in verschiedenen Bereichen bereits vor. Lassen Sie uns in Verbindung treten und voneinander lernen und profitieren. In dem Buch

„Der tanzende Direktor“ von Verena Friederike Hasel ist so viel Inspiration. Es ist ein Bericht über die Grundschule in Neuseeland. Die Kinder lernen dort spielerisch leicht mit viel Beziehungsangebot lesen und andere Dinge. Ich bin der Überzeugung, dass alles Wissen, das wir für die notwendige Veränderung benötigen, bereits da ist. Jede Fachkraft, jedes Unternehmen trägt einen Teil des Wissens ins sich. Wenn wir uns verbinden und unser Wissen teilen, kommen wir schneller nach vorn. Dazu gehört auch, Konkurrenzdenken aufzugeben. Freuen wir uns doch stattdessen, dass jemand anderes das Gleiche macht wie wir. So erreichen wir als Gesellschaft schneller die notwendige Veränderung.

Lassen Sie uns über den Tellerrand schauen und auch mit anderen „Gewerken“ in Verbindung treten. Wir können nicht nur von denen lernen, die das Gleiche tun wie wir und es nur etwas anders machen. Viele Dinge sind übertragbar oder zumindest teilweise auch in anderen Bereichen anwendbar. So ist eine Mutter immer auch eine Managerin. Manager und Mütter können viel voneinander lernen.

Überall da, wo es eine gute Verbindung zwischen den unterschiedlichen Einrichtungen gibt, ist es viel leichter, Kinder gut zu begleiten. Die Kindergärten, welche in Verbindung sind mit den umliegenden Grundschulen, können die Kinder auf den Übergang in diesen neuen Lebensabschnitt viel besser vorbereiten. Weiterführende Schulen, die mit Betrieben verbunden sind, können viel leichter Einblicke in Berufe gewähren. Bleiben wir bei dem Gedanken der Haussanierung, ist es absolut erforderlich, einander zu kennen und sich abzusprechen. Wenn der Installateur das Bad saniert, ohne die Arbeiten des Elektrikers zu kennen oder zu berücksichtigen, muss hinterher wieder eine ganze Wand aufgestemmt werden, um noch notwendige Anschlüsse zu verlegen. Wenn wir uns als Großes und Ganzes verstehen, wir alle, die das Haus, in dem unsere Kinder groß werden, sanieren, hat Veränderung eine Chance. Alle Gewerke, alle Fachkräfte und alle Bewohner sind gleichermaßen gefragt, ihre Rolle zu füllen und aktiv die Sanierung zu gestalten. Schaffen Sie Verbindungen. Informieren Sie sich über die anderen Gewerke. Schauen Sie über den Tellerrand.

Ich habe hierzu eine Geschichte gehört, deren Verfasser leider unbekannt ist: Es waren einmal fünf weise Gelehrte. Sie alle waren blind. Diese Gelehrten wurden von ihrem König auf eine Reise geschickt und sollten herausfinden, was ein Elefant ist. Und so machten sich die Blinden auf die Reise nach Indien. Dort wurden sie von Helfern zu einem Elefanten geführt. Die fünf Gelehrten standen nun um das Tier herum und versuchten, sich durch Ertasten ein Bild von dem Elefanten zu machen. Als sie zurück zu ihrem König kamen, sollten sie ihm nun über das Tier berichten. Der erste Weise hatte am Kopf des Tieres gestanden und den Rüssel betastet. Er sprach: „Ein Elefant ist wie ein langer Arm." Der zweite Gelehrte hatte das Ohr des Elefanten ertastet und sprach: „Nein, ein Elefant ist vielmehr wie ein großer Fächer." Der dritte Gelehrte sprach: „Aber nein, ein Elefant ist wie eine dicke Säule." Er hatte ein Bein des Elefanten berührt. Der vierte Weise sagte: „Also ich finde, ein Elefant ist wie eine kleine Strippe mit ein paar Haaren am Ende", denn er hatte nur den Schwanz des Elefanten ertastet. Und der fünfte Weise berichtete seinem König: „Also ich sage, ein Elefant ist wie eine riesige Masse, mit Rundungen und ein paar Borsten darauf." Dieser Gelehrte hatte den Rumpf des Tieres berührt. Nach diesen widersprüchlichen Äußerungen fürchteten die Gelehrten den Zorn des Königs, konnten sie sich doch nicht darauf einigen, was ein Elefant wirklich ist. Doch der König lächelte weise: „Ich danke euch, denn ich weiß nun, was ein Elefant ist: Ein Elefant ist ein Tier mit einem Rüssel, der wie ein langer Arm ist, mit Ohren, die wie Fächer sind, mit Beinen, die wie starke Säulen sind, mit einem Schwanz, der einer kleinen Strippe mit ein paar Haaren daran gleicht, und mit einem Rumpf, der wie eine große Masse mit Rundungen und ein paar Borsten ist." Die Gelehrten senkten beschämt ihren Kopf, als sie erkannten, dass jeder von ihnen nur einen Teil des Elefanten ertastet hatte und sie sich zu schnell damit zufriedengegeben hatten.

Sie sind Profi in Ihrem Bereich und dennoch sehen Sie nur einen Teil des Elefanten. Treten Sie in Verbindung und verschaffen Sie sich einen Überblick über das Ganze.

Impulse zum Nachdenken

- *Wie groß ist Ihr Netzwerk?*
  Hand aufs Herz. Sind Sie ein Einzelkämpfer oder fühlen Sie sich nur als einer? Wenn Sie sich nur so fühlen, seien Sie sich gewiss, dass es andere gibt, die genauso denken wie Sie. Verbinden Sie sich mit Gleichgesinnten. Sie stärken sich selbst damit. Und es braucht starke Erwachsene für die Begleitung unserer Kinder.

- *Haben Sie Angst vor der Konkurrenz?*
  Vielleicht haben Sie schlechte Erfahrungen gemacht und wurden für Ideen nicht wertgeschätzt. Schauen Sie genau hin: Was hindert Sie, sich über die Schulter schauen zu lassen, Ideen zu teilen und in Verbindung zu treten? Meist sind es unsere eigenen Erfahrungen, welche uns hindern, das Sinnvolle zu tun. Seien Sie mutig. Schauen Sie hin und gehen Sie den Weg der Transformation.

- *Haben Sie den Überblick?*
  Ein Selbstverständnis von „Ich bin wissend und dennoch unwissend" ist hilfreich für Veränderung. Jeder ist wissend, was seinen Bereich angeht. Ich bin als Kinder- und Jugendlichenpsychotherapeutin und Traumatherapeutin mit Sicherheit Expertin dafür, was Kinder wirklich brauchen, um gesund groß zu werden. Dennoch bin ich unwissend in so vielen Bereichen, welche dazugehören. Denken Sie an die Geschichte mit dem Elefanten. Es braucht die Bereitschaft, das eigene Wissen einzubringen und gleichzeitig offen zu sein für die anderen Bereiche, die erst dazu führen, das Große und Ganze zu verstehen.

Das WIR gewinnt

Die zukünftige Gesellschaft benötigt ein progressives Wir, das die Stärken und die Individualität des Einzelnen als Geschenk für die Allgemeinheit sieht. Dieses Wir kann schon jetzt entstehen durch und mit jedem Einzelnen, der heute anfängt, etwas anders zu machen. Wir tragen dieses Wir in uns. Es blitzt dann und wann auf, wie zum Beispiel bei der Flutkatastrophe im Jahr 2021. Auf einmal halten wir zusammen, jeder bringt ein, was er an Stärken und individuellen Möglichkeiten hat, und es wird tatsächlich als ein Geschenk für die Allgemeinheit gesehen. Nur: Wie bekommen wir dies auf die gesamtgesellschaftliche Situation übertragen, wo doch mehr Spaltendes als Verbindendes passiert.

Welche Vision kann den Weg bereiten für eine Überwindung der gegenwärtigen Spaltung der Gesellschaft? Wie kann eine neue, plausible Zukunftserzählung aussehen, die die gespaltenen Lager verbindet? Manchmal scheint ein progressives Wir nahezu unmöglich. Unser Land scheint gespalten und zerrissen wie nie zuvor. Jede Seite meint, den richtigen Weg zu kennen, und will den anderen mit aller Macht überzeugen. Die Frage ist nur, wohin führt der Weg?

„Eine neue Zukunftserzählung muss eine überzeugende Alternative anbieten können zu den unterkomplexen ‚rechten' und ‚linken' Utopien", heißt es in einem Artikel des Zukunftsinstituts.[77] Welche Zukunftsvision wollen wir uns und unseren Kindern erzählen? Veränderung gelingt dann, wenn es ein größeres Ziel gibt, ein Ziel, das für den Großteil der Menschen zu erreichen sich lohnt. Ein Ziel, das motiviert und Hoffnung weckt, das vereint. Die seelische Gesundheit unserer Kinder wäre durchaus solch ein Ziel. Wir brauchen ein gemeinsames „Gestaltungsprojekt", das uns wieder verbindet, anstatt uns zu entfremden. Was ist verbindender als glückliche Kinder?

Gemeinsam können wir die Veränderung innerhalb unserer Gesellschaft bewirken, die nötig ist, um mit Kraft, Power und gesunden

Kindern in die Zukunft zu starten. Wenn wir es schaffen, wegzukommen von „Aber erst wenn der andere ... “ hin zu „Ich übernehme hier und jetzt meinen Teil der Verantwortung“, dann haben wir eine Chance. Es entscheidet sich im Kleinen, ob große Herausforderungen gelingen.[78] Jede Veränderung wird erst im Kleinen getestet, bevor eine große Produktkette umgebaut werden kann. Im Kleinen heißt: Sie und ich, wir sind gefragt, im Kleinen zu beginnen, etwas anders zu machen. Dies beinhaltet, dass wir uns selbst gut kennen und hilfreiche Werte in unserem Leben etablieren – Werte, die vereinen und nicht trennen.

Trauen wir uns zusammen aus unserer Komfortzone heraus? Liebe Eltern und liebe Lehrer und Erzieher, nur gemeinsam können wir für das Wohl unserer Kinder wirken und gute Lösungen finden. Es ist an der Zeit aufzuhören, mit dem Finger auf andere zu zeigen und anzuprangern, was sie nicht oder vermeintlich falsch gemacht haben. Es ist an der Zeit, sich die Hände zu reichen und gemeinsam für die Veränderung einzustehen. Wer sollte uns dann aufhalten?

Das Gleiche gilt für alle Bereiche. Liebe Politiker, verlieren Sie sich nicht länger in kleinkarierten Debatten. Das Große und Ganze und das Wir ist gefragt. Wir müssen nicht auf die Politik oder die Wirtschaft oder die nächste Wahl oder das Verschwinden des Coronavirus warten, auch wenn politisches Umdenken und Eingreifen die Sache beschleunigen würde. Es gibt die Chance der kritischen Masse. Eine experimentelle Studie besagt: „Wenn etwa 25 Prozent der Menschen innerhalb einer Gemeinschaft eine Meinung vertreten, ist demnach der Wendepunkt für eine erfolgreiche Normänderung erreicht.“[79] Manche sagen sogar, dass weitaus weniger als 25 Prozent notwendig sind. Ich finde, dass es auf jeden Fall machbar scheint, 25 Prozent unserer Bevölkerung dazu zu inspirieren, dass eine Veränderung zum Wohle unserer Kinder jetzt notwendig und dringlich ist. Gemeinsam können wir diese Mammutaufgabe lösen.

Wie kann das konkret funktionieren? Als Erstes braucht es eine Zukunftsvision, ein Ziel, wo die Reise hingehen soll, das gewünschte Endresultat unserer Haussanierung. Im zweiten Schritt ist jeder gefragt. Jeder muss sich fragen: Bin ich selbst bereit für diese Aufgabe? Habe ich alle notwendigen Kenntnisse und Fähigkeiten? Hier ist kein theoretisches Wissen gemeint. Es geht mehr um Sie selbst. Wie gut kennen Sie sich? Haben Sie sich Ihren eigenen Baustellen gestellt und Ihr Betriebssystem überprüft? Dies ist die notwendige Fertigkeit. Auch wenn es unangenehm und manchmal schmerzhaft ist, ist es mehr als lohnenswert – für Ihr eigenes Leben, aber auch für das Ihrer Kinder. Sie werden den Unterschied merken. Es ist hilfreich, unsere Beweggründe für unser Handeln zu kennen. Wenn wir wissen, warum wir was machen, warum wir an der einen oder anderen Stelle ärgerlich werden, dann ist es uns möglich, etwas zu ändern.

Für die Veränderung benötigen wir ein Ziel – eben die Zukunftsvision, bestenfalls eine gemeinsame Vision des Guten. Unser Handeln wird bestimmt durch unser Denken. Unser Denken ist abhängig von dem, womit wir unsere Gedanken füttern. Wenn wir immer nur negative Nachrichten sehen, werden wir negativ. Erst werden wir negativ denken und dann auch negativ handeln. Stellen Sie sich nur Gutes vor und Sie werden merken, wie Sie sich verändern.

Charles Reade, ein englischer Schriftsteller, fasste es so zusammen:

„Achte auf Deine Gedanken, denn sie werden Worte.
Achte auf Deine Worte, denn sie werden Handlungen.
Achte auf Deine Handlungen, denn sie werden Gewohnheiten.
Achte auf Deine Gewohnheiten, denn sie werden Dein Charakter.
Achte auf Deinen Charakter, denn er wird Dein Schicksal."

Jeder Einzelne steht in der Herausforderung, sich selbst gut zu kennen und verantwortungsvoll zu handeln. Das Wir fängt bei jedem Einzelnen an, in seiner Individualität und Einzigartigkeit. Wenn wir es schaffen, die Einzigartigkeit des anderen zu respektieren und wertzuschätzen, haben wir ein großes Stück Weg zu unserem Ziel zurückgelegt.

Da dies jedoch erst einmal schwer scheint, gibt es Zwischenschritte. Vernetzen Sie sich mit Gleichgesinnten. Füttern Sie sich selbst mit guten Gedanken, mit Gedanken des Friedens und der Liebe anstatt mit Gedanken der Trennung und der Angst. Stellen Sie sich vor, wie ein Netzwerk von Gleichgesinnten, die das Gute und das Licht in die Welt tragen, immer größer und größer wird. Dann hat das Trennende irgendwann keine Chance mehr. Vielleicht hilft aber auch dieser Gedanke: Letztendlich sind wir alle aus dem gleichen Ursprung entstanden und sind so irgendwie auch immer eins geblieben. Genetische Tests beweisen es immer wieder: Jeder Einzelne ist eine Zusammensetzung aus vielen Kulturen und Nationen. Wenn wir geboren werden, sind wir alle gleich unschuldig und in gewisser Hinsicht rein. Unsere Lebensgeschichte hat uns zu dem gemacht, was und wer wir heute sind. Dies gilt für jeden gleichermaßen. Also lassen Sie uns aufhören, andere zu degradieren, weil sie sich nicht impfen lassen wollen, weil sie rechts auf der Autobahn überholen oder vermeintlich schlechten Unterricht machen. Jeder handelt aus seiner Geschichte heraus. Sie auch. Keiner ist besser oder schlechter. Was für unsere Kinder gelten soll, darf zuerst auch für uns gelten. Jeder ist auf eine Art und Weise großartig und einzigartig. Lassen Sie uns gemeinsam auf das schauen, was uns verbindet, und nicht auf das, was uns trennt. Aus der Verbindung heraus sind wir in der Lage, eine Gesellschaft zu werden mit viel Empathie, in der das Bedürfnis nach Bindung und Zugehörigkeit auf vielfältige Weise und sehr simpel gelebt wird. Indem wir aufeinander zugehen, ist Veränderung möglich. Denn auch für eine Veränderung von Werten und Wertevermittlung benötigt es eine tragfähige Beziehung.

Lassen Sie uns neu miteinander in Beziehung treten und so Veränderung beginnen. Lassen Sie uns gemeinsam eine Zukunftsvision entwickeln, die für uns erstrebenswert und für unsere Kinder lebenswert ist. Lassen Sie uns mehr von den guten und freudvollen Dingen erfahren und erzählen. Lassen Sie uns zusammenstehen.

Impulse zum Nachdenken

- *Welche Vision einer zukünftigen Gesellschaft tragen Sie in sich?* Nur wenn wir nicht mehr meckern und uns stattdessen auf ein Ziel fokussieren, ist Veränderung möglich. Dies gilt auch, wenn das Ziel erst einmal unerreichbar scheint. Ihre Gedanken und Taten werden sich ändern, wenn Sie sich auf ein positives Ziel fokussieren.

- *Wo können Sie schon heute eine Brücke schlagen?* Mit Rechthaberei kommen wir nicht weiter. Überlegen Sie, zu wem oder in welchem Bereich Sie heute eine Brücke zum Gegenüber oder einem anderen Gedanken schlagen können. Finden Sie den kleinsten gemeinsamen Nenner und fangen Sie an, anders zu denken, zu reden und zu handeln. Vielleicht hilft der Gedanke, dass wir im Grunde alle eins sind und aus der gleichen Materie entstanden sind.

- *Welchen drei Menschen können Sie heute von Ihrer Vision berichten?* Beginnen Sie ein Lauffeuer der guten Gedanken. Jeder denkt, er sei allein mit seinen Gedanken und Gefühlen. Erzählen Sie mindestens drei Menschen von Ihren Gedanken. Sie müssen niemanden überzeugen. Inspiration reicht aus. Und wer weiß, vielleicht sind Sie positiv überrascht, weil Sie merken, Sie sind doch nicht so allein wie gedacht. Gemeinsam sind wir unendlich stark.

11

Sie haben die Wahl

Sie und ich, wir haben die Wahl, ob wir uns aktiv an dieser Aufgabe beteiligen. Wir entscheiden über die Zukunft unserer Kinder und damit über die Gesellschaft von morgen. Also bleibt nur eine Frage offen: Machen Sie mit? Im Rahmen der Aufklärung wäre noch so viel mehr zu sagen. Der Blickwinkel dieses Buches ist einer von vielen. Aber auch hier wählen wir: Eignen wir uns genügend Wissen an, um unserer Verantwortung innerhalb unserer Gesellschaft gerecht zu werden? Das Wissen, was wir alles benötigen, ist schon lange da. Es gibt das uralte Wissen – fast schon aus der Urzeit –, welches heute wiederum von den neuesten Neurowissenschaften belegt wird. Erweitern Sie Ihren Horizont, machen Sie sich auf, das alte und das neue Wissen in Ihr Leben zu integrieren.

Wir haben auch täglich die Wahl, wie wir die Dinge in unserem Leben bewerten: als Desaster oder als Herausforderung. Ich selbst kenne Zeiten von Depression und Suizidalität. Dass ich mich nun als Unternehmerin für das Wohl von Kindern einsetzen kann, bedurfte vieler Entscheidungen, die ich getroffen habe, und Schritte, die ich gegangen bin. Ich habe mit Sicherheit nicht immer weise gewählt auf dem Weg und ich habe auch einige Rückschläge und Bauchlandungen hinnehmen müssen. Das wird wohl auch in Zukunft so sein. Und wahrscheinlich bin ich auch keine Vorzeigemutter und kann auch nicht zu allem Tipps geben. Aber ich habe jeden neuen Tag die Wahl. Die Wahl, für mich selbst einzustehen, die Wahl, für meine Kinder das Beste zu geben. Die Wahl, ein Mehrwert für unsere Gesellschaft und vor allem für die Menschen in unserer Gesellschaft zu sein. Meine Vision und mein Ziel sind klar: eine Veränderung unserer gesellschaftlichen Landschaft zugunsten der Menschlichkeit und vor allem für das seelische Wohl unserer Kinder. Genau aus diesem Grund habe ich dieses Buch geschrieben. Aus dem gleichen Grund bin ich auf unzähligen Social-Media-Plattformen unterwegs und unterhalte zudem einen Podcast, um kostenlos Wissen zur Verfügung zu stellen. Aus dem gleichen Grund setze ich meine gesamte Arbeitskraft für die notwendige Veränderung ein.

Sie haben auch die Wahl, wie Sie mit all den Informationen und Anregungen aus diesem Buch umgehen. Vielleicht legen Sie es frustriert beiseite, mit dem Gedanken, es sei sowieso schon zu spät. Vielleicht sind Sie auch erzürnt oder belustigt über meine Argumentationsweise und meine Ansichten. Das ist in Ordnung. Sie haben die Wahl. Sie sind für Ihr Leben verantwortlich. Sie sind auch dafür verantwortlich, was Sie denken, fühlen und wie Sie handeln. Sie sind kein Opfer, auch wenn Sie sich vielleicht an der einen oder anderen Stelle so fühlen mögen. Auch mich beschleicht hin und wieder dieses Gefühl von Ohnmacht in Anbetracht der Entwicklungen, welche sich in unserer Gesellschaft abzeichnen. Aber auch da habe ich die Wahl: Gebe ich mich diesen Gedanken hin? Dann wähle ich eine Opferhaltung. Oder nehme ich dieses Gefühl wahr, bedanke mich, dass es sich gezeigt hat, und verabschiede es wieder? In jedem von uns steckt so viel mehr Schöpferkraft, als wir uns selbst zutrauen. Jeder handelt aus seiner Geschichte heraus. Das ist eine gute Erklärung auch für das skurrilste Verhalten. Es ist jedoch keine Entschuldigung, dass dies so bleiben soll.

Sie haben die Wahl. Sie wählen die Menschen, mit denen Sie Zeit verbringen. Sie können die wählen, die Ihnen Energie rauben, oder diejenigen, die Ihnen Energie geben. Sie haben die Wahl, weiter aus Ihren eigenen alten Verletzungen zu agieren oder den Weg der Heilung zu gehen. Sie haben die Wahl, ob Sie dies mit oder ohne Hilfe tun. Sie haben die Wahl, wie Sie mit Ihren Kindern und den Kindern in unserer Gesellschaft umgehen. Sie haben die Wahl, ob Sie die Zeichen für die dringliche Veränderung sehen, und Sie wählen, ob Sie Ihr Verhalten ändern. Wir alle zusammen haben die Wahl, ob wir die Dinge so belassen, wie sie sind, oder ob wir die Ärmel hochkrempeln und loslegen. Es geht darum, ein ganzes Haus zu sanieren. Jeder Mann, jede Frau ist gefragt. Es wird anstrengend und mühselig und manchmal auch frustrierend sein. Machen Sie dennoch mit? Sie und ich, wir entscheiden durch unsere Entscheidungen tagtäglich, wie die Gesellschaft von morgen und damit die Zukunft unserer Kinder aussieht.

12

Angst oder Liebe

Ich kann mir vorstellen, dass bei dem einen oder der anderen ein flaues Gefühl aufgekommen ist beim Lesen dieses Buches. Vielleicht stellen Sie sich Fragen wie: „Ist es wirklich so schlimm?“ Vielleicht haben Sie aber auch ein Gefühl von Ohnmacht, den Eindruck, dass das Ganze nicht mehr zu retten ist, da das Problem zu groß ist, es zu vieler Veränderungen bedarf. Es gibt Tage, da denke ich dies auch, und ich fühle mich wie Don Quijote im Kampf gegen die Windmühlen.

Irgendwann habe ich eine Sache verstanden: Im tiefsten Kern gibt es nur zwei Gefühle, die uns antreiben und bestimmen. Zwei Gefühle, die entscheiden, wie wir denken und handeln. Diese beiden Gegenspieler sind Liebe und Angst. Im ersten Moment scheint vieles, was wir vor allem für unsere Kinder tun, der Liebe zu entspringen. Wenn wir ganz genau hinschauen, ist es jedoch oft Angst. Angst, dass unsere Kinder beeinträchtigt oder benachteiligt werden, dass sie einen schlechten oder keinen Schulabschluss schaffen, dass sie ihren Platz in der Gesellschaft nicht finden. Und mit Sicherheit habe ich durch dieses Buch an der einen oder anderen Stelle Öl ins Feuer gegossen, was die Angst angeht. Es war jedoch zu keiner Zeit mein

Ansinnen, Angst zu schüren. Mein Ziel ist die Aufklärung, eine Art Realitätscheck. Diese Form der Aufklärung ist nötig, um die Dringlichkeit der Lage bewusst zu machen. Angst ist jedoch kein guter Ratgeber, vielmehr trägt Angst maßgeblich zur Spaltung in unserem Land bei.

Angst ist leider auch das, was unserer Regierung schon immer, aber besonders in Pandemiezeiten, das Mittel der Wahl zu sein scheint, um Maßnahmen zu etablieren. Jemand, der Angst hat, ändert selten etwas. Jemand, der Angst hat, seinen Job zu verlieren, macht nicht auf die Missstände in seiner Firma aufmerksam. Ein Krankenhaus, das Angst vor mangelnder Wirtschaftlichkeit seiner Geburtsstation hat, wird weiter Kaiserschnitte als profitable Methode des Gebärens forcieren. Lehrer, welche die Digitalisierung blockieren aufgrund einer eigenen unterschwelligen Angst, werden sich nicht mit Neuen Medien und Methoden auseinandersetzen. Eltern, die Angst haben, finanziell nicht klarzukommen, werden ihre Kinder frühestmöglich in die Kita geben, um arbeiten gehen zu können. Erzieher, die Angst vor einem Shitstorm der Eltern haben, weil sie aufgrund von Personalmangel eine Gruppe schließen müssen, werden versuchen, auch mit nur einer Betreuungsperson pro Gruppe den Betrieb aufrechtzuerhalten. Angst hemmt und lähmt uns. Angst lässt uns auch aggressiv werden und über andere urteilen. Wenn wir genau hinschauen, ist das, was uns beherrscht, Angst. Ich erlebe uns und mich als sehr stark ausgerichtet an Vorgaben und Gesetzen und einer unterschwelligen Angst, etwas falsch zu machen.

Der Gegenpol der Angst ist die Liebe. Damit meine ich nicht romantische Liebe, eher eine spirituelle, tiefgreifende und universelle Liebe. Die Liebe zum Leben mit dem Wissen, dass das Leben immer für uns ist. Die universelle Liebe, welche im Gegenüber das Gute zu sehen vermag. In dieser Liebe ist alle Kreativität, Vertrauen, Zuversicht und Glaube an das Gute verankert. Dieses Zutrauen, dass einem als Kind entgegengebracht wurde: Du bist großartig, du kannst nichts falsch machen, du kannst Neues lernen. Wenn wir uns erinnern, welche Liebe wir als Kinder bekommen haben, oder auch an das, was wir uns gewünscht hätten, dann ist dies nur ein Bruchteil der allumfassenden Liebe. Das Beste an dieser Liebe ist, dass sie in uns wohnt – in jedem Einzelnen von uns. Dies ist zumindest meine Überzeugung und mein Erleben im Kontakt mit Menschen. Wir haben sie nur vergessen und erinnern uns vor lauter Angst nicht mehr.

Können Sie diesen Gedanken einen kurzen Moment zulassen und in sich hineinspüren? Was wäre nun, wenn ich Ihnen sage: „Sie sind großartig. Sie tragen alles, was Sie für dieses Leben benötigen, in sich. Sie brauchen keine Angst zu haben. Das Leben ist immer für Sie, auch wenn es manchmal im ersten Moment einer Krise nicht so scheint. Sie tragen diese Liebe in sich, die alles trägt und versteht, ohne sich selbst zu vergessen." Was schwingt dann in Ihnen? Begrenzung oder Möglichkeiten? Die ersten Male, die ich diese Gedanken zugelassen habe, schossen mir die Tränen in die Augen. Da war eine Art Traurigkeit, gepaart mit der Sehnsucht, diese Liebe in meinem Leben spüren zu können, und dies unabhängig von der Liebesbekundung von Menschen. Inzwischen ist es eine tiefe Erkenntnis: In mir und in Ihnen wohnt die Liebe, die die Macht hat, die Welt zu verändern. Diese Liebe beginnt mit Selbstliebe. Sie können andere nur lieben, wenn Sie sich selbst lieben. Leider wird gesunde Selbstliebe in unserem Land schnell als Egoismus deklariert. Dabei liegt in der Selbstliebe körperliche wie seelische Gesundheit begründet. Und wenn wir auf unsere Kinder schauen, sehen wir das Resultat mangelnder Selbstliebe sehr deutlich. Die meisten Kinder fühlen sich wertlos. Dabei ist das Leben voll von Gesten der Liebe. Es benötigt ein erhöhtes Maß an Achtsamkeit, die Liebe zu sehen, sie ist jedoch allgegenwärtig. Fühlen Sie den Unterschied. Denken Sie an eine Situation oder an Nachrichten, welche voll waren von Hiobsbotschaften. Wie geht es Ihnen danach? Erinnern Sie sich an ein Treffen mit Freunden, Freude und Lachen oder an Geschichten der Liebe und Wertschätzung.

Wie geht es Ihnen dann? Sie entscheiden tagtäglich, ob Sie der Angst oder der Liebe Raum geben.

Manchmal, wenn ich sehe, was in unserem Land so passiert, beschleicht mich dann doch die Angst. Dann spiele ich mit dem Gedanken, einfach auszuwandern. Dann möchte ich in einem Land leben, welches nicht so sehr geprägt ist von Angst und Panikmache. Am Ende lässt mich die Liebe bleiben. Die Liebe zu meinem Land, in dem ich groß geworden bin und das meine Heimat ist. Die Liebe zu all den Kindern, für die ich zum Fürsprecher geworden bin. Die Liebe zum Leben, dem ich Vertrauen entgegenbringe, dass es mir letzten Endes dient. Und auch hier bedarf es einer bewussten Entscheidung. Ja, ich kann mich für die Liebe entscheiden. Jeden Tag aufs Neue. Genauso kann ich mich für die Angst entscheiden. Unsere Wahl entscheidet, wie es dann im Verlauf weitergeht.

Jeder Einzelne zählt. Jeder mit seiner Begabung, seinem Wissen und vor allem mit seinem Herzen am rechten Fleck. Wir alle zusammen entscheiden heute über die Zukunft unserer Kinder von morgen und haben die Wahl, Veränderungen herbeizuführen oder eben nicht. Mit welchem kleinen Schritt können Sie heute beginnen? Welche Entscheidung können Sie heute treffen? Egal wo Sie stehen und was Sie beruflich machen. Sie sind wichtig! Ihre kleinen ersten Schritte zusammen mit den Schritten der anderen machen dann zusammen den Unterschied. Seien Sie mutig. Gehen Sie los. Jetzt!

Danksagung

Nun habe ich die letzten vier Wochen fast nichts anderes getan, als dieses Buch zu schreiben. Eigentlich fand ich Danksagungen in Büchern immer eher langweilig und doch komme ich nun nicht umhin, selbst eine zu schreiben, denn ohne die Unterstützung meines Umfeldes wäre dieses Buch niemals entstanden.

Ich danke meinen Jungs: Sie waren Grund und Anlass für mein erstes und auch für dieses zweite Buch. Danke an alle Kinder und Jugendliche, mit denen ich arbeiten und denen ich begegnen durfte. Ihr alle seid der Grund für meine Arbeit und Aktivität.

Danke für die vielen inspirierenden Gespräche mit so vielen Fachkräften in ganz Deutschland, für allen Austausch über die sozialen Medien und im direkten Kontakt. Ihr alle habt mich mehr und mehr das Große und Ganze verstehen lassen.

Danke an Thomas Hensel, der mir die Augen geöffnet hat für ein weitaus größeres Traumaverständnis als das, welches die ICD 10 hergibt.

Danke, liebe Diana und liebe Eva. Ohne euch wäre ich nicht in der Lage gewesen, diese Vision der Veränderung zu entwickeln.

Ein dickes Danke geht an mein Team in der FreyMuT Academy. In einer hochbrisanten Phase habe ich euch quasi allein gelassen, um dieses Buch zu schreiben. Ihr habt mir den Rücken freigehalten und das Ding in der Zeit ohne mich gerockt. Ihr seid großartig.

Danke an meinen Partner, der immer wieder dafür gesorgt hat, dass ich meinen Akku aufladen konnte, und mir gleichzeitig ein inspirierender Gesprächspartner war. Du hast mir immer dann weitergeholfen, wenn ich vor lauter Buchstaben einen Knoten im Kopf hatte.

Danke, liebe Silvia und liebe Steffi, für energetischen Support und all die inspirierenden Gespräche, für euer Sein an meiner Seite.

Danke, liebe Anaya, für das Gegenlesen, Korrigieren und all die Inspiration im Gedankenaustausch. Meine Grammatik hätte ich keinem Verlag zumuten können.

Danke auch dem Gasthaus Krenn, in dem ich den Flow zum Schreiben bekommen habe durch eine so liebevolle Versorgung.

Und auch danke für Social Media und an alle Menschen, die mich über Social Media bestärken und ermutigen, niemals aufzugeben.

Ein dickes Danke geht auch an meinen Verlag, obwohl die Vorschusslorbeeren mich manchmal echt unter Druck gesetzt haben.

Literaturverzeichnis

Ballmann, Anke Elisabeth (2019): Seelenprügel. Was Kindern in Kitas wirklich passiert, und was wir dagegen tun können. München: Kösel.

BARMER (2021): Kinder bekommen immer mehr Psychotherapie. Corona-Pandemie und Lockdown verschärfen Situation. Berlin. Online verfügbar unter https://www.barmer.de/politik/meldungen/2021-meldungen/arztreport-2021-283892, zuletzt aktualisiert am 02.03.2021, zuletzt geprüft am 17.02.2022.

Bensel, Joachim; Haug-Schnabel, Gabriele (2012): 16 Länder – 16 Raumvorgaben: Föderalismus als Chance oder Risiko? Unter Mitarbeit von Mirjam Maier und Sarah Weber. In: Gabriele Haug-Schnabel und Ilse Wehrmann (Hg.): Raum braucht das Kind. Anregende Lebenswelten für Krippe und Kindergarten. Weimar, Berlin: Verlag das Netz, S. 31–43. Online verfügbar unter https://www.verhaltensbiologie.com/publizieren/fachartikel/PDF/RA3.pdf, zuletzt geprüft am 18.02.2022.

Bertelsmann Stiftung (2020): Kinderarmut in Deutschland. Gütersloh. Online verfügbar unter https://www.bertelsmann-stiftung.de/fileadmin/files/BSt/Publikationen/GrauePublikationen/291_2020_BST_Facsheet_Kinderarmut_SGB-II_Daten__ID967.pdf, zuletzt geprüft am 17.02.2022.

Bodanowitz, Jörg (2019): Depressiven Kindern droht Versorgungslücke nach Klinik. DAK-Gesundheit. Hamburg. Online verfügbar unter https://www.dak.de/dak/bundesthemen/kinder--und-jugendreport-2169366.html#/, zuletzt aktualisiert am 21.11.2019, zuletzt geprüft am 17.02.2022.

Bodanowitz, Jörg (2021a): Corona: Alarmierende Folgen für Kinder und Jugendliche. DAK-Gesundheit. Hamburg. Online verfügbar unter https://www.dak.de/dak/bundesthemen/corona-alarmierende-folgen-fuer-kinder-und-jugendliche-2480802.html#/, zuletzt aktualisiert am 09.09.2021, zuletzt geprüft am 17.02.2022.

Bodanowitz, Jörg (2021b): Corona: Schulkinder werden unglücklich. DAK-Gesundheit. Hamburg. Online verfügbar unter https://www.dak.de/dak/bundesthemen/corona-schulkinder-werden-ungluecklich-2456476.html#/, zuletzt aktualisiert am 21.05.2021, zuletzt geprüft am 17.02.2022.

Brisch, Karl Heinz (2013): Bindungsstörungen. Von der Bindungstheorie zur Therapie. 12. Aufl. Stuttgart: Klett-Cotta.

Brisch, Karl Heinz; Hellbrügge, Theodor (Hg.) (2007): Der Säugling – Bindung, Neurobiologie und Gene. Grundlagen für Prävention, Beratung und Therapie. 2. Aufl. Stuttgart: Klett-Cotta Verlag. Online verfügbar unter http://www.content-select.com/index.php?id=bib_view&ean=9783608203202.

Brock, Inés (Hg.) (2018): Wie die Geburtserfahrung unser Leben prägt. Perspektiven für Geburtshilfe, Entwicklungspsychologie und die Prävention früher Störungen. Psychosozial-Verlag. Originalausgabe. Gießen: Psychosozial-Verlag (Therapie & Beratung).

Dick-Read, Grantly (1953): Childbirth without fear. The principles and practice of natural childbirth. New York: Harper & Brothers.

Elbelman R., Arie (2018): 5 Kompetenzen, die Kinder für die Zukunft brauchen. tekkieuni. Online verfügbar unter https://tekkieuni.com/de/blog/5-skills-future-ready-kids/, zuletzt geprüft am 17.02.2022.

Entringer, Sonja; Buss, Claudia; Heim, Christine (2016): Frühe Stresserfahrungen und Krankheitsvulnerabilität. In: *Bundesgesundheitsblatt, Gesundheitsforschung, Gesundheitsschutz* 59 (10), S. 1255–1261. DOI: 10.1007/s00103-016-2436-2.

Erbes, Annegret; Giese, Charlotte; Rollik, Heribert (2013): Werte und Wertebildung in Familien, Bildungsinstitutionen, Kooperationen. Beiträge aus Theorie und Praxis. Hg. v. Deutsches Rotes Kreus e. V. Online verfügbar unter https://www.bmfsfj.de/resource/blob/114088/3f1510ae813dbff3b1fb4d474095c125/werte-und-wertebildung-in-familien-bildungsinstitutionen-kooperationen-beitraege-aus-theorie-und-praxis-buch-data.pdf, zuletzt geprüft am 17.02.2022.

expertenReport (Hg.) (2020): Die drei wichtigsten Werte der Deutschen. Online verfügbar unter https://www.experten.de/2020/02/die-drei-wichtigsten-werte-der-deutschen/, zuletzt aktualisiert am 25.02.2020, zuletzt geprüft am 17.02.2022.

Felitti, Vincent J. (2002): Belastungen in der Kindheit und Gesundheit im Erwachsenenalter: die Verwandlung von Gold in Blei. In: *Zeitschrift für Psychosomatische Medizin und Psychotherapie* 48 (4), S. 359–369. DOI: 10.13109/zptm.2002.48.4.359.

Figge, Katrin (2016): Deutsche Werte – was ist das und gibt's die überhaupt? Der Westen. Online verfügbar unter https://www.derwesten.de/politik/deutsche-werte-was-ist-das-und-gibts-die-ueberhaupt-id11459709.html, zuletzt aktualisiert am 19.01.2016, zuletzt geprüft am 17.02.2022.

Fischer, Gottfried; Riedesser, Peter (1998): Lehrbuch der Psychotraumatologie. Mit 20 Tabellen. München: Reinhardt (UTB für Wissenschaft). Online verfügbar unter http://www.socialnet.de/rezensionen/isbn.php?isbn=978-3-8252-8165-6.

Frey, Gunda (2020): Kindern geben, was sie brauchen. Wie sich Kinder frei und selbstbewusst entwickeln. München: Kösel.

Handke, Jürgen; Schäfer, Anna Maria (2012): E-Learning, E-Teaching und E-Assessment in der Hochschullehre. Eine Anleitung. München: Oldenbourg (Informatik 10-2012).

Horx, Tristan (2021): Unsere fucking Zukunft. Warum wir für den Wandel rebellieren müssen. Köln: Quadriga.

IQTIG (Hg.) (2017): Qualitätsreport 2016. Berlin. Online verfügbar unter https://iqtig.org/downloads/berichte/2016/IQTIG_Qualitaetsreport-2016.pdf, zuletzt geprüft am 28.02.2022.

Jung, Tina (2017): Die „gute Geburt" – Ergebnis richtiger Entscheidungen? Zur Kritik des gegenwärtigen Selbstbestimmungsdiskurses vor dem Hintergrund der Ökonomisierung des Geburtshilfesystems. In: *GENDER – Zeitschrift für Geschlecht, Kultur und Gesellschaft* 9 (2), S. 30–45. DOI: 10.3224/gender.v9i2.03.

KKH Kaufmännische Krankenkasse (2020): Mehr Kaiserschnitte im Frühjahrs-Lockdown. KKH begrüßt neue Leitlinie als Entscheidungshilfe für oder gegen Kaiserschnitt. Online verfügbar unter https://www.kkh.de/presse/pressemeldungen/kaiserschnitt, zuletzt aktualisiert am 08.12.2020, zuletzt geprüft am 09.12.2020.

Kriechel, Beate (2019): Transgenerationales Trauma: „Das Schlimmste ist das Schweigen". medica mondiale. Online verfügbar unter https://www.medicamondiale.org/nc/nachrichten/transgenerationales-trauma-das-schlimmste-ist-das-schweigen.html, zuletzt aktualisiert am 17.04.2019, zuletzt geprüft am 17.02.2022.

Kuhn, Annette (2021): Geld aus Digitalpakt Schule kommt nur langsam in Schulen an. Das Deutsche Schulportal. Online verfügbar unter https://deutschesschulportal.de/bildungswesen/was-hat-der-digitalpakt-schule-bislang-gebracht/, zuletzt aktualisiert am 19.10.2021, zuletzt geprüft am 17.02.2022.

Landolt, Markus (2004): Psychotraumatologie des Kindesalters. Göttingen, Bern, Toronto, Seattle, Oxford, Prag: Hogrefe.

Landschaftsverband Rheinland (LVR) (2012): Empfehlungen zum Raumprogramm für Kindertageseinrichtungen. Online verfügbar unter https://www.lvr.de/media/wwwlvrde/jugend/service/arbeitshilfen/dokumente_94/kinder_und_familien/tageseinrichtungen_f_r_kinder/2012-09-01-Raummatrix.pdf, zuletzt geprüft am 17.02.2022.

Lenz, Andreas (2016): Werte unserer Gesellschaft: Welche Werte halten uns zusammen. Was Lenz denkt ... Online verfügbar unter https://www.andreas-lenz.info/blog/blog-werte/werte-unserer-gesellschaft-welche-werte-halten-uns-zusammen.html, zuletzt aktualisiert am 05.10.2016, zuletzt geprüft am 17.02.2022.

Lohaus, Arnold; Beyer, Anke; Klein-Heßling, Johannes (2004): Stresserleben und Stresssymptomatik bei Kindern und Jugendlichen. In: *Zeitschrift für Entwicklungspsychologie und Pädagogische Psychologie* 36 (1), S. 38–46. DOI: 10.1026/0049-8637.36.1.38.

Lütje, Wolf (2016): Vertrauen in die natürliche Geburt. Gelassen und entspannt in den Kreißsaal. München: Kösel.

Michy, Annabelle (2021): Kinder erhalten immer mehr Psychotherapie. vdek. Online verfügbar unter https://www.vdek.com/magazin/ausgaben/2021-02/kinder-erhalten-immer-mehr-psychotherapie.html, zuletzt aktualisiert am 15.04.2021, zuletzt geprüft am 17.02.2022.

Neubauer, Katrin (2013): Stress in der Schwangerschaft hinterlässt Spuren im Baby-Hirn. *Der Spiegel.* Online verfügbar unter https://www.spiegel.de/gesundheit/schwangerschaft/stress-in-der-schwangerschaft-hinterlaesst-spuren-im-gehirn-a-928555.html, zuletzt aktualisiert am 18.10.2013, zuletzt geprüft am 17.02.2022.

Niedersächsisches Landesamt für Soziales, Jugend und Familie (2018): Genehmigungen für Time-Out Räume. Online verfügbar unter https://soziales.niedersachsen.de/startseite/kinder_jugend_amp_familie/landesjugendamt/newsletter_jin/newsletter_03_2018/genehmigungen-fuer-time-out-raeume-170396.html, zuletzt geprüft am 24.01.2022.

ntv (2021): „Kontrollverlust an den Schulen ist schon da“. Online verfügbar unter https://www.n-tv.de/panorama/Kontrollverlust-an-den-Schulen-ist-schon-da-article22954628.html?xing_share=news, zuletzt aktualisiert am 25.11.2021, zuletzt geprüft am 17.02.2022.

Odent, Michel (2016): Es ist nicht egal, wie wir geboren werden. Risiko Kaiserschnitt. 3. Aufl. Frankfurt am Main: Mabuse.

Perry, Bruce Duncan; Szalavitz, Maia (2008): Der Junge, der wie ein Hund gehalten wurde. Was traumatisierte Kinder uns über Leid, Liebe und Heilung lehren können; aus der Praxis eines Kinderpsychiaters. München: Kösel.

Reiss, Kristina; Weis, Mirjam; Klieme, Eckhard; Köller, Olaf (Hg.) (o. J.): PISA 2018. Grundbildung im internationalen Vergleich. Zusammenfassung. Online verfügbar unter https://www.pisa.tum.de/fileadmin/woobgi/www/Berichtsbaende_und_Zusammenfassungungen/Zusammenfassung_PISA2018.pdf.

Rosner, Rita; Steil, Regina (2009): Ratgeber Posttraumatische Belastungsstörung. Informationen für Betroffene, Eltern, Lehrer und Erzieher. Göttingen, Bern, Wien: Hogrefe.

RP Online (o. J.): Welche Werte den Deutschen wichtig sind. Online verfügbar unter https://rp-online.de/panorama/deutschland/welche-werte-den-deutschen-wichtig-sind_iid-14018589#11, zuletzt geprüft am 24.01.2022.

Sass, Henning; Wittchen, Hans U.; Zaudig, Michael; Houben, Isabel (2003): Diagnostische Kriterien DSM-IV-TR. Göttingen, Bern, Toronto, Seattle: Hogrefe.

Schäffer-Gabler, Angelika (o. J.): Zu Bau und Ausstattung von Kindertageseinrichtungen. Das Kita-Handbuch. Online verfügbar unter https://www.kindergartenpaedagogik.de/fachartikel/raumgestaltung/grundsaetzliches/1206, zuletzt geprüft am 18.02.2022.

Scheeringa, Michael S.; Zeanah, Charles H.; Drell, Martin J.; Larrieu, Julie A. (1995): Two approaches to the diagnosis of posttraumatic stress disorder in infancy and early childhood. In: *Journal of the American Academy of Child and Adolescent Psychiatry* 34 (2), S. 191–200. DOI: 10.1097/00004583-199502000-00014.

Scheeringa, Michael S.; Zeanah, Charles H.; Myers, Leann; Putnam, Frank W. (2003): New findings on alternative criteria for PTSD in preschool children. In: *Journal of the American Academy of Child and Adolescent Psychiatry* 42 (5), S. 561–570. DOI: 10.1097/01.CHI.0000046822.95464.14.

Schuldt, Christian (o. J.a): Auf dem Weg in die Wir-Gesellschaft. Zukunftsinstitut. Online verfügbar unter https://www.zukunftsinstitut.de/artikel/wir-gesellschaft/wege-in-die-wir-gesellschaft/, zuletzt geprüft am 18.02.2022.

Schuldt, Christian (o. J.b): Warum wir eine neue Wertelandkarte brauchen. Zukunftsinstitut. Online verfügbar unter https://www.zukunftsinstitut.de/artikel/wir-gesellschaft/next-germany-warum-wir-eine-neue-wertelandkarte-brauchen/, zuletzt geprüft am 18.02.2022.

Schulz, Benjamin (2016): „Meine Eltern haben mir viele Folgen ihrer Traumata vererbt“. *Spiegel Online*. Online verfügbar unter https://www.spiegel.de/panorama/gesellschaft/zweiter-weltkrieg-die-folgen-fuer-die-nachkriegskinder-a-1091027.html, zuletzt aktualisiert am 08.05.2016, zuletzt geprüft am 18.02.2022.

Sugaya, Luisa; Hasin, Deborah S.; Olfson, Mark; Lin, Keng-Han; Grant, Bridget F.; Blanco, Carlos (2012): Child physical abuse and adult mental health: a national study. In: *Journal of traumatic stress* 25 (4), S. 384–392. DOI: 10.1002/jts.21719.

Uvnäs-Moberg, Kerstin (2016): Oxytocin, das Hormon der Nähe. Gesundheit – Wohlbefinden – Beziehung. Hg. v. Fritz Jansen und Uta Streit. Berlin: Springer Spektrum.

Venturini, Daniela (2019): Kaiserschnitt, vaginale und natürliche Geburt. Erleben und Verarbeiten aus psychotherapeutischer Sicht. Wiesbaden: Springer. Online verfügbar unter https://ebookcentral.proquest.com/lib/kxp/detail.action?docID=5515244.

ver.di Landesbezirk NRW (2020): Diskussionspapier für Gutes OGS-Gesetz. Düsseldorf. Online verfügbar unter https://koeln-bonn-leverkusen.verdi.de/++file++5f080803ca78258dbc43123a/download/verdi_Broschu%CC%88re%20Gutes%20OGS-Gesetz.pdf, zuletzt geprüft am 18.02.2022.

Vieweg, Martin (2018): Wann werden Minderheitsmeinungen mächtig? wissenschaft.de. Online verfügbar unter https://www.wissenschaft.de/gesellschaft-psychologie/wann-minderheitsmeinungen-maechtig-werden-2/, zuletzt aktualisiert am 07.06.2018, zuletzt geprüft am 18.02.2022.

Waack, Sebastian (o. J.): Hattie-Rangliste: Einflussgrößen und Effekte in Bezug auf den Lernerfolg. Visible Learning. Online verfügbar unter https://visible-learning.org/de/hattie-rangliste-einflussgroessen-effekte-lernerfolg/, zuletzt geprüft am 18.02.2022.

Witt, Andreas; Sachser, Cedric; Plener, Paul L.; Brähler, Elmar; Fegert, Jörg M. (2019): Prävalenz und Folgen belastender Kindheitserlebnisse in der deutschen Bevölkerung. In: *Deutsches Ärzteblatt international* 116 (38), S. 635–642. DOI: 10.3238/arztebl.2019.0635.

Erwähnte Websites

https://heldentaten-akademie.de/kitahelden

https://schule-im-aufbruch.de

https://wirfuerschule.de

www.eltern.de

www.erziehung24.de

www.homodea.de

www.jicki.de/sprachen-lernen-birkenbihl-methode/#grundprinzip-birkenbihl-methode

www.lernlust.jetzt

www.primalhealthresearch.com/

Endnoten

1 Bodanowitz 2019.
2 Vgl. BARMER 2021.
3 Vgl. Michy 2021.
4 Vgl. Bodanowitz 2021a.
5 Vgl. Bertelsmann Stiftung 2020.
6 Frey 2020.
7 Vgl. Witt et al. 2019.
8 Felitti 2002, S. 363.
9 Vgl. Sugaya et al. 2012.
10 Vgl. Entringer et al. 2016.
11 Vgl. Landolt 2004.
12 Vgl. Handke und Schäfer 2012.
13 Vgl. Fischer und Riedesser 1998.
14 Vgl. Scheeringa et al. 2003.
15 Vgl. Scheeringa et al. 1995.
16 Vgl. Rosner und Steil 2009.
17 Vgl. Scheeringa et al. 2003.
18 Vgl. Rosner und Steil 2009.
19 Vgl. Rosner und Steil 2009.
20 Vgl. Lohaus et al. 2004.

21 Vgl. Sass et al. 2003.
22 Vgl. Rosner und Steil 2009.
23 Vgl. Scheeringa et al. 1995.
24 Vgl. Rosner und Steil 2009.
25 Auszüge aus „Die Katzenfabel“ von Magdalene Weiß
26 Vgl. Jung 2017.
27 Jung 2017, S. 36.
28 Vgl. Jung 2017.
29 Jung 2017, S. 33.
30 Venturini 2019, S. 46.
31 Vgl. IQTIG 2017.
32 Vgl. KKH Kaufmännische Krankenkasse 2020.
33 Jung 2017, S. 33.
34 Vgl. Jung 2017; Venturini 2019.
35 Vgl. Odent 2016; Venturini 2019; Uvnäs-Moberg 2016; https://www.primalhealthresearch.com/
36 Vgl. Brisch 2013; Uvnäs-Moberg 2016; Venturini 2019; Brock 2018.
37 Venturini 2019, S. 43–44.
38 Venturini 2019, S. 7.
39 Neubauer 2013.
40 Vgl. Venturini 2019; Brisch und Hellbrügge 2007; Dick-Read 1953.
41 Vgl. Venturini 2019.
42 Vgl. Lütje 2016.
43 Vgl. Witt et al. 2019.
44 Schäffer-Gabler o. J.
45 Vgl. Landschaftsverband Rheinland (LVR) 2012.
46 Bensel und Haug-Schnabel 2012.
47 Ballmann, Anke Elisabeth (2019): Seelenprügel. Was Kindern in Kitas wirklich passiert, und was wir dagegen tun können. München: Kösel.
48 Perry und Szalavitz 2008.
49 Vgl. ver.di Landesbezirk NRW 2020.
50 Vgl. Waack o. J.
51 Vgl. Reiss et al. o. J.
52 Vgl. Niedersächsisches Landesamt für Soziales, Jugend und Familie 2018.
53 Vgl. Bodanowitz 2021b.

54 Vgl. Bodanowitz 2021b.

55 Horx, Tristan (2021): Unsere fucking Zukunft.
Warum wir für den Wandel rebellieren müssen. Köln: Quadriga.

56 Vgl. ntv 2021.

57 Vgl. Schuldt o. J.a.

58 Vgl. Schuldt o. J.a.

59 Vgl. Schuldt o. J.b.

60 Vgl. Kriechel 2019.

61 Vgl. Schulz 2016.

62 Vgl. Kuhn 2021.

63 Vgl. expertenReport 2020.

64 Vgl. RP Online o. J.

65 Vgl. Figge 2016.

66 Lenz 2016.

67 Elbelman R. 2018.

68 Erbes et al. 2013.

69 Vgl. https://schule-im-aufbruch.de

70 Vgl. https://www.jicki.de/sprachen-lernen-birkenbihl-methode/#grundprinzip-birkenbihl-methode

71 Vgl. https://wirfuerschule.de

72 Vgl. www.lernlust.jetzt

73 Vgl. https://heldentaten-akademie.de/kitahelden/

74 Vgl. www.homodea.de

75 Vgl. www.eltern.de

76 Vgl. www.erziehung24.de

77 Schuldt o. J.a.

78 Vgl. Schuldt o. J.a.

79 Vieweg 2018.